Sem a reencarnação, a justiça e a
sabedoria divinas careceriam de lógica,
pois o destino de cada criatura
se faria ao humor de Deus.

FICHA CATALOGRÁFICA

(Preparada na Editora)

Gagete, Lourdes Carolina, 1942-

G12h Homens e Almas / Lourdes Carolina Gagete.
Araras, SP, IDE, 1ª edição, 2013.

320 p.

ISBN 978-85-7341-599-5

1. Romance 2. Espiritismo I. Título.

CDD -869.935
-133.9

Índices para catálogo sistemático

1. Romance: Século 21: Literatura brasileira 869.935
2. Espiritismo 133.9

HOMENS & Almas

ISBN 978-85-7341-599-5
1ª edição - outubro/2013

Conselho Editorial:
Hércio Marcos Cintra Arantes
Doralice Scanavini Volk
Wilson Frungilo Júnior

Projeto Editorial:
Jairo Lorenzeti

Revisão de texto:
Mariana Frungilo

Capa:
César França de Oliveira

Diagramação:
Maria Isabel Estéfano Rissi

INSTITUTO DE DIFUSÃO ESPÍRITA - IDE
Av. Otto Barreto, 1067 - Cx. Postal 110
CEP 13600-970 - Araras/SP - Brasil
Fone (19) 3543-2400
CNPJ 44.220.101/0001-43
Inscrição Estadual 182.010.405.118
www.ideeditora.com.br
editorial@ideeditora.com.br

LOURDES CAROLINA GAGETE

ROMANCE ESPÍRITA

HOMENS & Almas

PAIXÃO, CRIME E MISTÉRIO
NO BRASIL COLÔNIA

ide

Sumário

Capitulo 1

Agruras da alma

"Quantas existências, quantos corpos, quantos séculos, quantos serviços, quantos triunfos, quantas mortes necessitamos ainda?" (Espírito André Luiz)

A tropa se preparava para levantar acampamento do encosto[1] às 5h30 de um magnífico dia de verão. O ano e o dia são irrelevantes, mas o século é o XVIII, quando os tropeiros do Brasil colônia desempenhavam o importante serviço de transportar animais, mercadorias, alimentos, notícias, para lugares distantes.

O país começava a desenvolver mais objetivamente suas potencialidades. Suas matas eram rasgadas por intimoratos tropeiros, que nelas se aventuravam a fim de negociar e levar as informações para bem longe de suas origens, inclusive aos garimpos que então proliferavam.

---

[1] Pouso em campo aberto. (N.A)

Com a exploração do ouro brasileiro pelos portugueses, apareceram outras necessidades como, por exemplo, o abastecimento dos garimpos e das cidades que iam surgindo à força de tal atividade. Não havendo estradas, o transporte era precário, só possível quando efetuado por animais. Subidas íngremes, descidas abruptas, ocasionavam às vezes algum acidente. Desenvolvia-se, então, o serviço da tropeirada. Esses homens, pioneiros nessa lide, abriam picadas por entre a mata e seguiam com suas mulas carregadas de mercadorias e até mesmo conduzindo boiada. Deveu-se a essa atividade a abertura de muitas estradas. Também muitos povoados e vilas, hoje prósperas cidades como Sorocaba, Taubaté, Santana de Parnaíba e outras, foram fundadas por esse tempo e em função dos tropeiros.

O povo gostava da figura deles, pois isso significava informações. Eram os tropeiros que traziam as notícias, embora sempre com muitos dias, senão meses, de atraso. Mas como o mundo, à época, não "corria" tão velozmente como hoje, como havia tempo suficiente para se digerir uma novidade antes que chegasse outra, não havia muito prejuízo pelas informações defasadas. Assim, tal serviço de correio era sempre bem-vindo.

A tropa, comandada por Santiago, compunha-se de muitos tropeiros alegres e falantes. Apesar de exaustos, à noite, quando arranchavam, contavam suas aventuras das quais saíam sempre vitoriosos.

Aquela noite não bastara para o descanso necessário. Traziam ainda, nos olhos semiabertos, as canseiras da viagem. Embora bem próximo corresse um rio, ninguém se aventurou a espantar o sono, a tirar o bodum do corpo, mergulhando em suas águas límpidas.

Estrelas ainda tremulavam no céu, relutando em ceder lugar ao Sol. As mulas, aliviadas provisoriamente do peso das mercadorias, mal haviam descansado e se mostravam impacientes, abanando com o rabo os insetos indesejados que também queriam seu desjejum. Napoleão e Josefina, os dois cachorros SRD[2], roíam um pedaço de osso já malcheiroso. As reses, espalhadas e despertas pelo som alegre de uma gaita, desciam vagarosamente o leve declive e se dirigiam ao rio. Talvez, pressentissem a longa viagem que teriam pela frente e o melhor seria abastecerem-se bem. Comida vegetariana, verdinha, não faltava para encherem o bucho, mas a água nem sempre estava por perto.

Tião Matuto, considerado o "bobo da corte", tentava assoprar o berrante, mas somente um som choco, cansado e desnutrido conseguia dele tirar.

---

[2] Sem Raça Definida (N.A)

Santiago:
Um poeta tropeiro tocador de gaita?
Uma alma perdida no Brasil colonial?
Sofria. Amor ou obsessão?
Ambos.

O fato é que o tropeiro agasalhava na alma uma dor de amor e uma dor de ódio. Falemos primeiro da dor de amor. Desde que conhecera Maria Pia, uma inquietação se lhe entranhara no peito. Acordava de manhã e seu primeiro pensamento era para Maria Pia. O dia todo era feito de Maria Pia. Quando soprava o berrante, era em homenagem a Maria Pia. Quando extraía da gaita as melodias chorosas, ali estavam uns olhos assustadiços: os olhos de Maria Pia. Talvez, fosse só paixão exacerbada pela negativa da portuguesa sensual. O fato é que era como tiririca: por mais que o tropeiro quisesse arrancá-la do peito, mais viçosa e mais forte ela ressurgia. Sempre. Como uma tenaz obsessão.

E Maria Pia? O que era Santiago para ela?

Ora, Maria Pia era ainda uma menina alienada, sem qualquer preocupação que não fosse revirar os olhos para o espelho, a fim de descobrir se as longas pestanas ainda estavam no mesmo lugar; se as pequeninas orelhas, cujos lóbulos foram furados pela parteira Dorcas, ainda ostentavam seus brincos de rubi

– que fora de sua avó materna –; se os lábios continuavam generosos e avermelhados, enfim, se tudo estava como tinha de estar. Sua cabecinha ainda não conhecia qualquer tipo de dor.

Quando conheceu Santiago, ele ainda não era um tropeiro, o que aconteceria logo depois. Seu coração andava inquieto como passarinho em terreiro de gato. Foi em Coimbra, Portugal. Estava na taberna do avô paterno quando ele entrou. Estava suado, pois cavalgara mais de cinco léguas de sua vinha até ali. O cavalo negro também reluzia de suor. As patas batiam no chão duro para espantar as moscas que se lhe agarravam às pernas suarentas. Santiago o deixara a beber num cocho que encontrou ao lado da taberna.

Era, Santiago, um tipo difícil de passar despercebido em qualquer lugar que estivesse. O avô de Maria Pia, assim que o viu entrar, fez um gesto para ela se retirar dali. Ela obedeceu, mas ficou espiando pela porta entreaberta, afinal, a mulher e a curiosidade são irmãs siamesas.

Ouviu, então, a voz de tenor daquele homem alto e queimado de sol. Suas esporas faziam um tinido metálico, e seus passos repercutiam pelo assoalho desgastado.

Maria Pia se admirou quando ele virou goela abaixo uma talagada de bagaceira, estalou a língua e pediu outra. Tirou da algibeira uma nota encardida e pagou a bebida. Depois, falou do tempo. Tempos secos... Frios repentinos... Vai chover? O inverno será mais rigoroso neste ano?

Quando se quer conversar, e não se tem assunto, fala-se sobre o tempo. Uma senha? Prolegômenos para início de amizade? Nunca ninguém soube dizer com certeza, mas o bom é que funciona. Aproxima as pessoas e desfaz o silêncio incomodativo.

O amor de Maria Pia:
Desprovido de prolegômenos.
Bateu à porta daquele coração e se instalou.
Era um amor-criança.

Maria Pia saiu do seu esconderijo. Não podia mais se conter. Achou que as batidas de seu coração logo se transformariam em trombetas indiscretas, denunciando-a.

– Avozito, posso dar uma voltinha por aí?

Pronto. Agora que berrassem as trombetas. Falou com um olho no avô e outro em Santiago. Fez aquele charme de quem não está nem aí... como se pudesse enganar um homem da fibra de Santiago.

O avô, guardanapo no ombro, enrolando o bigode farfalhudo, muito se aborreceu com a presença da menina. Via, em qualquer par de calças, um perigo iminente para ela. Amava esta única neta que possuía. Passou-lhe uma reprimenda:

– Ora, pois! Mas vejam só como já toma ares de sinhazinha, essa cachopa! Anda embora lá pra dentro já, já, pois que aqui nada interessa a ti.

– Deixa lá a menina, que não está a incomodar – disse Santiago.

– Avozito...

"Mal saístes dos cueiros e já te assanhas, oh, pequena!" – pensou o avô, mas nada falou. Ficou tudo entalado na garganta e nem quando percebeu o olhar incendiado de Santiago sobre a neta, conseguiu pôr ordem na casa.

Maria Pia correspondeu e sorriu como se fosse a coisa mais natural do mundo. Mas, talvez amedrontada pelo mutismo do avô, sua voz também não saiu quando o homem lhe elogiou a beleza. Daí... já era demais! O avozito fez com que as palavras saíssem daquele motim injustificado:

– Oiça lá, ó gajo! Esta rapariga é minha neta. Exijo muito respeito aqui. Ela é uma criança. Mal acaba de *completaire* quinze anos.

– Tens uma bela neta... e eu não estou a ofendê-la, pois não?

Pronto. A fogueira já tinha bastante lenha.

Maria Pia nunca teve a noção exata do que resultou seu olhar inocente e ao mesmo tempo atrevido naquele coração até então virgem de amor. Seu sorriso tímido, mas comprometedor, fez o homem tecer venturas, qual adolescente imberbe. O amor, quando chega na maturidade, chega com a força de um gigante devastador.

É verdade que Santiago já tivera várias mulheres, várias aventuras, mas jamais o amor estivera presente. E devia àquela menina a revolução que sua alma enfrentava pela vez primeira. Era como estar sonhando acordado ou dormindo sonhando. Como estar no Céu e no inferno, no presente e no futuro, onde nada mais, que não Maria Pia, tinha importância.

Aquela vila sem Maria Pia não era nada. Aquela província sem Maria Pia era apenas alguns metros de chão. Portugal sem Maria Pia era apenas um aglomerado de casinhas sem significação alguma. O mundo? Existiria mundo sem Maria Pia?

O coração apaixonado tem qualquer coisa de insano; de incongruente; de tolo. O amor, de repente, pula na sua frente e lhe aprisiona sub-repticiamente a alma.

E a menina também sonhava. Nos seus quinze anos de vida, jamais sentira aquela emoção. Calor misturado com frio, que fazia sua pele arrepiar. Um suspirar constante e um desejo de ficar só. Nunca se preocupou tanto com sua aparência, a partir de então. Por todos os espelhos pelos quais passava, ajeitava o cabelo, comprimia os lábios, examinava os dentes, esfregando-os com os dedos, apertava as bochechas... Mas... puxa! Santiago parecia muito idoso (tinha ele vinte e cinco anos). Não seria mais sensato se apaixonar por um jovem de sua idade? O que pensaria sua família? Estaria ela transferindo o amor do pai falecido para aquele homem? Complexo de Electra? Se a mãe ainda vivesse poderia se aconselhar com ela.

É sabido que o proibido gera mais desejo, que efervesce a alma, que se apassiva ante sua força.

Tal amor parecia proibido a Santiago. Proibido também para Maria Pia. Razão: ele... muito velho (conceito dela); ela... muito nova (conceito dele). Uma donzela de pouco mais de quinze anos. Verdade é que nada disso seria empecilho se ele não estivesse comprometido com Alba. Santiago chutou tudo para o alto e foi à luta.

Assim, nasceu a dor de amor.

– Minha cara rapariga, desde que em ti botei os olhos, que estou cativo do teu amor. Dize o que mais hei de fazer para ser digno dos teus favores. Vamo-nos daqui para o Brasil. Lá construiremos nossas vidas. Com nosso amor... tu me amas, pois não? Bem o sinto.

Maria Pia é feita também de incoerências. É alma feminina. E alma feminina descobre segredo por mais bem esteja ele escondido. Com açúcar e fel na voz, bebendo o hálito de Santiago:

– Senhor Santiago... pois não sou eu uma mulher temente a Deus? E Deus abençoaria a nossa união com prejuízos a inocentes? Creio que não.

– Inocentes? Por Nossa Senhora! Do que falas, senhorinha?

– Acaso te esqueceste de Alba? De Ângelo, teu filho?

A pequena falava depressa. Um rubor ia lhe tomando as faces. Havia jurado que aquilo não seria impedimento, pois que se amavam; que Alba era bonita e logo arranjaria outro marido, e o filho teria neste um pai melhor do que Santiago. Mas o fato é que Alba e Ângelo passaram a ser a sua consciência.

– Maria, Maria! Preciso de ti como preciso do ar que respiro! Juro que não te arrependerás. Lá na colônia, ninguém nos conhecerá, e seremos felizes. Teremos filhos brasileirinhos que haveremos de amar muito. Bem sei que és ainda uma criança... mas...

– Pois se não amas o que já está aí nascido, como posso saber se amarás os que ainda virão, ó homem de

Deus!? Na colônia ninguém nos conhecerá, por certo, mas Deus nos conhece no mais profundo do ser. E eu temo a mão Dele.

Maria Pia não queria dizer aquilo. Era como se estivesse advogando contra si mesma. Mas dissera. Fora como que obrigada a dizê-lo. Depois, sentiu um arrepio e entendeu que obedecia ao pai que, apesar de já desencarnado, era o que lhe dizia, pois pressentia as intenções da filha. E isso era muito forte, pois parecia estar lhe ouvindo. Na verdade, apesar de católica, acreditava que, de alguma forma, seu Espírito conversava com ela. Os ditos mortos sempre são mais vivos do que nós, afinal, somos originalmente criaturas espirituais reencarnadas a fim de conquistar a sabedoria por nós mesmos. As reencarnações, pelo menos como são processadas hoje, um dia terminarão. Então, seremos apenas a essência que herdamos do Pai Criador. "O mundo corporal é plasmado pelo espiritual, onde a vida é pulsante, permanente, original."[3]

Santiago apaixonado.
Santiago inconformado.
Maria Pia aparentemente irredutível.

– Como podes tu dizer que não amo meu filho?

---

[3] Do livro *Trilhas da Libertação,* Espírito Manoel P.de Miranda, pela psicografia de Divaldo P.Franco. (N.A)

Só Deus sabe o sacrifício que tenho feito nestes nove anos de convívio com ele!

Ia dizer mais alguma coisa, mas se calou.

– Não entendo esse amor. Tu o amas e queres abandoná-lo aqui?! Ou pensas raptá-lo de Alba?

– Tu me amas, bem vejo. Oh, menina! Não pensemos nos outros. O amor acontece só uma vez... Deus abençoará nossa união... Dize, Maria Pia, que irás comigo para o Brasil. Teremos lá a oportunidade de enricar. Muito já ouvi falar da colônia; que é rica; que tem muito *oiro*! Muita beleza natural.

– Não sei o que mais te diga para fazer-te entender... Tens compromisso sério com Alba. Tens um filho com ela... Jamais poderei te respeitar se não assumires teus compromissos de cidadão probo. Cá, no meu peito, a virgem santa já está a me recriminar.

Falara por medo da mão de Deus. Mas a mão de Deus era a percepção do pai falecido que, ali presente, tentava colocar algum juízo em sua cabeça:

"Oiça cá, ó menina! Estou eu de olho em ti. Este gajo aí só vai te trazer desdouro."

Mas que nada. O conselho vindo em tão boa hora, não mereceu maior atenção. Maria Pia, no fundo do coração, desejou que Alba e Ângelo desaparecessem do mundo. Eram pedras no caminho de sua felicidade.

Santiago ficou desconsertado. Mas sabia que Maria Pia tinha razão. O que ele não sabia era que a resolução da amada nada tinha de consistente. Falava por saber-se espreitada pelo Espírito desencarnado João Manuel, seu pai.

Frustração. Maria Pia se manteve irredutível, embora desejasse que suas palavras encontrassem ouvidos surdos.

Depois de muito tempo de discussão...

– Diante de tal recusa, estou a ir embora para o Brasil com Alba e meu filho. Se não posso ter o teu amor... nada mais me importa – disse bem assim, no estilo trágico-romântico.

Maria Pia sentiu um soco no estômago e, em um arroubo de bravura, de dignidade ferida, de criatura incompreendida, falou:

– Talvez seja melhor assim.

E antes que ele respondesse...

"Jamais será melhor assim" – ela afirmou a si mesma.

Dessa forma, o destino – chamado Maria Pia – despachou Santiago, Alba e o filho Ângelo para o Brasil. O apaixonado teve esperanças até a última hora. E, desiludido, veio tentar no Brasil a sorte e o esquecimento daquele amor obsedante. Tinha também esperanças de curar o mal que afetava seu filho desde os primeiros anos de vida: a epilepsia.

Maria Pia chorou durante algumas horas. Não tinha ninguém para culpar e com quem esbravejar. Ela mesma – sabe-se lá por que graça do destino – havia forçado a viagem de Santiago. Apartara de si aquele que ardentemente desejava. Mas o pai desencarnado, que tinha orientado suas respostas, ficou aliviado: "Dão-nos trabalho, as cabeças doidivanas."

Indagações pertinentes:

A dor de amor será igual em todas as épocas da humanidade? Na esteira dos séculos, dos milênios, haverá mudanças de comportamento nos corações apaixonados?

Maria Pia transformava as palavras vindas do coração porque, na verdade, gostaria de ter mandado Alba e o filho para bem longe de si e de Santiago. Esperava que o amado fosse mais audacioso, menos conformado e, ao invés de simplesmente aceitar a sugestão de assumir Alba e o filho, batesse o pé e dissesse: "Nãããããããooo! Quero a ti! A ti! E, após essa explosão de incontestável amor egoísta, ela diria: "Também te quero." E, se o pai falecido tornasse a falar-lhe, ela diria: "Senhor meu pai... não me venhas cá com mais conselhos. Bem viste que tentei, mas Santiago assim o quis."

Se Santiago fosse mais audacioso, menos crédulo naqueles argumentos, ela não teria medo da mão de Deus, que recairia somente sobre ele. "Eu não queria... foi insistência dele..."

Assim, jogando a responsabilidade nele, tirava um peso da consciência.

Ela mantinha a chama do amor ora acesa, ora oscilante e, dois anos depois de haver Santiago embarcado para o Brasil com a família, deu um jeito de correr atrás dele. Com a morte do pai, herdou considerável fortuna, administrada por uma parenta, tendo em vista a sua pouca idade. Esqueceu provisoriamente a mão de Deus. Chegou sonsa. Olhos tristes, sempre olhando o chão. E se instalou na rota dos tropeiros. Santiago era um tropeiro... Um tropeiro viúvo... Alba contraíra uma estranha febre e morrera alguns meses depois da chegada ao Brasil.

Restava-lhe o filho Ângelo e um coração magoado. Insatisfeito. Tremente de amor por Maria Pia. Que a pobre Alba repousasse em paz em terras brasileiras e que o perdoasse, pois haveria de amar sempre sua faceira portuguesinha.

Soubesse Maria Pia dessa viuvez, teria vindo mais cedo para a colônia tão falada por todos em Portugal. Mas os dois anos passaram sem que seu coração sangrasse de amor.

Santiago já cogitara em voltar a Portugal para se casar com ela, pois que já não havia o impedimento legal. Tinha ainda mais um motivo. Um conterrâneo que viera recentemente "da terrinha" e que conhecia sua história de amor, contara-lhe que Maria Pia, tão logo ele viajou, começou a ser cortejada por um jovem espanhol e, parece, estaria inclinada a aceitar-lhe a corte. Que ele voltasse rápido se não quisesse encontrar a amada casada com outro.

O tropeiro tremeu de cólera e sentiu não poder viajar incontinenti em busca de Maria Pia. Tropear lhe dava um bom lucro. Ele queria enriquecer para poder oferecer o melhor à amada. Depois, havia o filho doente. Lembrou que Maria Pia não gostava de Ângelo e, talvez por esse motivo, não quisesse se consorciar com ele. E deixou nas mãos de Deus, pois que melhores mãos não encontraria.

Dor de ódio. Vamos a ela.

Como nasceu a dor de ódio no coração do tropeiro Santiago:

Quando, finalmente, conseguiu rever Maria Pia, percebeu que ela já não estava tão apaixonada. O motivo do arrefecimento da paixão não era o tal espanhol, pois Maria Pia sequer quisera conhecê-lo melhor. O real motivo era Tomaz, um belo guapo nascido português, mas que vivia no Brasil desde criança. Agora sim, ela estava mais confusa ainda. A quem entregar o coração?

Em uma das viagens para o interior de São Paulo, na Vila de Taubaté, conheceram-se. A paixão de ambas as partes se deu imediatamente. Era o primeiro amor de Tomaz. Para Maria Pia, agora com quase dezoito anos e mais velha do que ele um ano, tal conquista fora brincadeira de criança. Com seus olhos assustadiços, envolveu-o de tal maneira, que ele se deixou ficar sonhando acordado. Visitava-a na Vila, conhecida também como Oficina Real dos Quintos, onde todo ouro extraído das Minas Gerais era para ali levado. Depois, seguia para o porto de Parati e deste para o Rio de Janeiro, de onde era despachado para a Corte (Portugal).

Convidado por Santiago a integrar sua tropa, Tomaz aceitou sem titubear. A razão... esta já sabemos: Teria oportunidade de ganhar algum dinheiro para poder casar-se com Maria Pia; de saciar-se com os beijos de Maria Pia; de acariciar os braços bem feitos de Maria Pia; de olhar os olhos assustadiços de Maria Pia. Mas que beijos? Quantas vezes ele acariciara seus braços? Nada disso acontecia realmente senão em sua cabeça de apaixonado. Maria Pia era pudica, e sua tutora era mais astuta que uma raposa velha.

Ao contar para a amada que aceitara o convite de Santiago para integrar a tropa, Maria Pia levou um choque. Amaria ainda o português com voz de tenor por quem ainda não se decidira a consorciar-se? Mas à sua frente estava Tomaz. Cheio de amor para dar-lhe. Belo. De olhar arrebatador. De mãos finas como as suas próprias. Despediu os pensamentos sobre Santiago e se voltou para Tomaz.

A tropa levaria algumas cabeças de gado do Paraná para uma fazenda em Minas Gerais. Transportaria ainda muitas outras coisas, principalmente carne seca do sul para o sudeste, pois que a produção ali era insuficiente devido à febre do ouro que levava muitos trabalhadores para os garimpos.

Nos povoados por onde passavam, eram sempre bem-vindos e esperados com ansiedade, pois traziam as novidades que não chegavam até lá, naqueles cafundós do mundo.

Tomaz tomara gosto em tropear, e Maria Pia era sempre presente nos seus pensamentos. Assim, sorriu ao lembrar a última entrevista com a portuguesinha antes daquela viagem: "Maria Pia... dize que me ama. Meu avô mora em Coimbra, e podemos nos casar e ir morar lá. Sempre quis conhecer Portugal, a terra dos meus ascendentes e de onde saí ainda criança.

"Tomaz, Tomaz, bem sabes o quanto eu gostaria de poder me consorciar contigo, mas..."

"Mas? Mas o quê? O que te impede, afinal de contas? Não me amas como eu te amo?"

"Por Nossa Senhora! Não é isso! É que tu és quase um menino imberbe! Não tens nada de ti mesmo! Sequer um trabalho! Um casamento não é brincar de casinha!"

"Pois quero me casar contigo! Já sou um homem! E já consegui emprego na tropa de Santiago, conforme já te falei."

"Poderás me sustentar com o que vais ganhar como tropeiro? Meu avô já se foi para Deus. Meus parentes exigem o meu retorno a Portugal. Disseram que minha fortuna logo se esgotará com os constantes gastos. Pois não é que aqueles canguinhas querem mandar até no que é meu por direito?"

"Pois aí está a solução! Casa-te comigo, e a emancipação virá naturalmente."

"Preciso de mais tempo. Não sei... É muito arriscado, e odeio a pobreza!"

Dois pretendentes.

Uma dúvida.

A qual dos dois daria o sim? A lógica respondia que àquele a quem amasse. E aí estava o nó górdio da questão: amava Santiago pelo seu porte másculo, por sua voz de tenor, pelo seu atrevimento quando quis beijá-la... Amava Tomaz pela sua inocência, por seu rosto delicado, quase feminino; por sua tremura na voz quando lhe falava, pelos olhos cor de mel... sempre pidões...

"Preciso pensar. Preciso pensar. Não se decide nada assim de afogadilho!" – dizia mil vezes a si mesma.

O fato é que, quando Tomaz estava perto, ela o amava. Quando Santiago estava perto, ela o amava. Quando estavam juntos, ela amava a ambos e, quando ausentes, sofria pelos dois. Na intimidade da alma, sofria também por ela.

O "preciso pensar" de Maria Pia significava que ela não sabia a quem escolher. Santiago era dez anos mais velho do que ela. Bonitão. Herdaria em breve a herança de Alba. A seu desfavor havia o filho problemático, de quem ela tinha medo por julgar que seus ataques epilépticos fossem possessão do demônio. E Tomaz? Era um jovem tremendamente atraente, mas muito imaturo segundo ela. Casar-se com ele seria uma temeridade. Viveriam de amor e uma cabana? Gostaria de poder afirmar que sim; que amor sacia a fome; mata a sede; vai às compras. Gostaria de dizer que o amor nunca se desgasta. Visão poética, mas a "raposa sábia" (sua tutora) que lhe vigiava os passos, sempre dizia que o amor só é eterno quando é espiritual, e esse amor é difícil de ser encontrado. Assim, Maria Pia, desolada, ia tecendo sonhos durante a noite para desfazê-los durante o dia.

Naquele dia, o tropeiro Santiago estava mais casmurro que de costume. Sua vida lhe parecia sem sentido com a falta de Maria Pia. Quem pudesse fotografar-lhe a mente veria a bela portuguesa em todos os compartimentos de sua memória. Então, uma sensação dúbia tomava conta dele.

Feridas do coração orgulhoso?
Infantilidade da alma?
A ilusão escolhe idade?

As mulas e o gado estavam cansados e andavam morosamente. O rancho onde pousariam ainda estava longe. Assim, foram obrigados a passar a noite naquele encosto. Mas o tempo estava firme e não haveria problema.

Os olhos congestos de Santiago vigiaram a noite toda. Cada galho de árvore que farfalhava, era-lhe o gemido da amada. Da amada que vinha beijar-lhe os lábios, recostar a cabeça graciosa em seu ombro. Da amada que o estava trocando por Tomaz, o maldito Tomaz, que nascera para azedar-lhe a vida. Durava já dois anos a corte a Maria Pia. Ela não *atava* e nem *desatava* – sempre prometia que na próxima vez, na próxima viagem da tropa, ela já teria uma resposta. *"Mulher é demo de saias. Quem poderá entendê-la?"*

Com Tomaz, ela fazia a mesma coisa. Nunca era objetiva: Talvez... Vamos ver... quem sabe na sua próxima vinda... E assim, o tempo ia passando.

Santiago se tornara um poço de ansiedade. Mulheres bonitas como Maria Pia eram raridade ali. E ele estava apaixonado. Amava? Quem poderia afirmar? O fato é que sofria e se amaldiçoava. Não acreditava em nada senão naquilo que pudesse ver, tocar, sentir, comprovar. Então, aqui sua vida espiritual não existia; e nem razões espirituais para tal ansiedade, pois em consequência de seu modo de viver também não lhe passavam pela cabeça. Religião era coisa para jesuítas, padres, madres, mulheres... Não para um tropeiro de seu quilate.

A idade espiritual é o retrato íntimo de todos nós, e ele se negava a raciocinar, embora, muitas vezes, sentisse estranhas formas a lhe assediarem o pensamento: algumas etéreas e silenciosas, outras grosseiras e barulhentas. Em meio a tal distúrbio psíquico, vinha-lhe à mente a figura de Ângelo. Carente. Trôpego. Com o sangue a jorrar... jorrar... Tudo isso, ele atribuía ao sistema nervoso abalado por causa de tanto amor frustrado. Somente séculos depois, o Espiritismo viria abrir os olhos da humanidade e revelar-lhes como se processa a ação e reação na vida de todos nós; a explicar que aquele sangue que via jorrar do peito de Ângelo era apenas uma lembrança perturbadora de outra existência.

Obsessão: o que os Espíritos obsessores desejam é que não acreditemos neles, pois assim não buscaremos socorro, e eles poderão agir à vontade.

Tu não acreditas em mim, mas pra mim isso pouco importa. Vamos, obedece-me. Repete comigo: Maria Pia! Tu serás minha. Tomaz, tu deves morrer! – E, como se fosse uma marionete sem vontade própria, Santiago repetia mentalmente:

"Maria Pia! Tu serás minha. Tomaz, tu deves morrer!" – repetia Santiago a ordem recebida, calcando-a cérebro adentro.

Isso! Muito bom! Nunca te esqueças. Tu mereces Maria Pia. – Ria, satisfeito, o obsessor.

André Luiz nos fala da Assimilação de Correntes Mentais[4]:

> "(...) Influencia agora a vida cerebral do condutor da casa, à maneira dum musicista emérito, manobrando, respeitoso, um violino de alto valor, do qual conhece a firmeza e a harmonia.
>
> (...) Compreendia, desse modo, mais uma vez, e sem qualquer obscuridade, que somos naturalmente vítimas ou beneficiários de nossas próprias criações, segundo as cor-

[4] *Nos domínios da Mediunidade,* capítulo 5 (N.A)

> rentes mentais que projetamos, escravizando-nos a compromissos com a retaguarda de nossas experiências ou libertando-nos para a vanguarda do progresso, conforme nossas deliberações e atividades, em harmonia ou em desarmonia com as Leis Eternas...
>
> (...) – Vimos aqui o fenômeno da perfeita assimilação de correntes mentais que preside habitualmente a quase todos os fatos mediúnicos. (...)

Santiago não percebia a manipulação espiritual da qual era vítima e se revoltava ainda mais com o jovem:

"Tomaz... Maldito fedelho! Nem barba tem e já pensa que é homem! Sim, preciso dar cabo dele..." E, completamente identificado com os pensamentos daquele que lhe dominava o campo mental, era dócil àquelas sugestões trevosas:

Também Ângelo deve morrer. Maria Pia não aceita teu amor porque tem medo dele – acrescentou o obsessor.

Santiago, pela vez primeira, olha Ângelo com hostilidade. Mas é apenas por um momento: "Não! Jamais matarei meu filho. Afasta-te, demônio!" – E uma ponta de remorso lhe magoa a alma. "Matar meu próprio filho por causa de uma mulher... devo estar enlouquecendo."– E fez o sinal da cruz, olhando o céu escuro.

O obsessor se aborrece. Mas sabe que outras oportunidades surgirão. *Quando ele baixar a guarda...*

Uma vez pensada, a ideia não o abandonara.

Volta e meia lhe saltava à frente como um duende do mal. Via o filho estendido num catre. Morto. Maria Pia aproximando-se... sussurrando ao seu ouvido: "Muito bom que ele tenha morrido. O demônio vivia com ele. Ele já fez muitas maldades. Agora podemos nos casar... Você não precisará mais matá-lo, assim, não teremos remorsos, Santiago. Alba veio buscá-lo... sempre foram apegados... Ficarão juntos no paraíso. Mas... e Tomaz? Que faremos com ele?"

Sua mente alimentava tais pensamentos num monoideísmo alucinante.

Assim começou, além da obsessão promovida pelo Espírito que o odiava desde época remota, quando ele o levara à ruína nos jogos de azar, também a auto-obsessão pelo remorso. Quantos enlouquecem por ela. Hospitais psiquiátricos estão repletos de pseudoloucos. Consciência culpada é juiz implacável que ignora o tempo passado.

No nosso dia a dia não atentamos para o poder do pensamento. Ele vem antes de qualquer ação. Com ele, idealizamos o que queremos e tudo fica a meio caminho andado; como um esboço preparado para a conclusão. Através do pensamento desequilibrado, ficamos predispostos a doenças, tanto materiais quanto espirituais; estas, de difícil solução. E Santiago passou a nutrir um remorso improdutivo que, mais dias menos dias, lhe traria consequências negativas.

O remorso é desejável e válido para nos despertar a consciência, para buscarmos a corrigenda e posteriormente a paz pela retificação do ato, mas não devemos nos demorar nele. Vejamos o que nos diz o Espírito André Luiz:[5]

> "A recordação dessa ou daquela falta grave, mormente daquelas que jazem recalcadas no Espírito, sem que o desabafo e a corrigenda funcionem por válvulas de alívio às chagas ocultas do arrependimento, cria na mente um estado anômalo que podemos classificar de "zona do remorso", em torno da qual a onda viva e contínua do pensamento passa a enovelar-se em circuito fechado sobre si mesma, com reflexo permanente na parte do veículo fisiopsicossomático ligado à lembrança das pessoas e circunstâncias associadas ao erro de nossa autoria."
>
> "Estabelecida a ideia fixa sobre esse 'nódulo de forças mentais desequilibradas', é indispensável que acontecimentos reparadores se nos contraponham ao modo enfermiço de ser, para que nos sintamos exonerados desse ou daquele fardo íntimo ou exatamente redimidos perante a Lei."

Isso posto, concluímos que, ficar lamentando o erro ou alimentando pensamentos negativos, não leva a nada; melhor dizendo, leva, sim, às doenças físicas e/ou espirituais. O que fazer? Lutar para dominar nossos pensamentos, nossas tendências. Fácil? Claro que não. Desenraizar um mal que talvez tenhamos plantado, sabe-se lá quando, é tarefa das mais difíceis. Difícil. Não impossível.

A gaita de Santiago sempre lhe fora a companheira solitária e obediente. Enquanto as notas expu-

---

[5] *Evolução em Dois Mundos,* capítulo XIX– Predisposições mórbidas.

nham a emoção que lhe ia à alma, seus olhos congestos buscavam constantemente um corpo adormecido e enrolado em uma manta cor de terra. Somente o rosto do jovem tropeiro Tomaz podia ser visto. Era um rosto bonito. A barba rala de alguns dias, negra e mal delineada, dava-lhe um ar de animalzinho selvagem. Porém, era de uma docilidade de moça, o que confundia seus amigos. Quando qualquer insinuação surgia quanto a isso, então ele se enfurecia. Esmurrava o atrevido e o subjugava até que a ofensa fosse retirada.

Santiago sabia muito bem que naquela alma dócil habitava um homem apaixonado... Santo Deus! Com tantas mulheres no mundo e Tomaz foi se apaixonar por Maria Pia! Maria Pia, a portuguesa que fazia seu coração saltar feito cavalo indomado. Maria Pia, que lhe despertava um sentimento mesclado de frustração, desespero, dor. Os laços do passado espiritual não se desfazem com facilidade.

Todos ainda dormiam, indiferentes ao toque de despertar da gaita de Santiago. Somente os bois e os cachorros o obedeceram. Era sempre assim: os animais compreendiam o compromisso, enquanto os tropeiros permaneciam um tanto mais enrolados em seus ponchos fedorentos.

Santiago tinha a maior pressa em chegar a Minas Gerais, para onde se mudara Maria Pia. Lá se encontrariam e, desta vez, ela haveria de se decidir. Por ele, claro. Também Tomaz, pelo mesmo motivo, tinha pressa e queria chegar o mais rápido possível.

Quem odeia cultiva espinhos.
Fere a si mesmo.
Traz a alma insatisfeita.

O tropeiro olhou mais uma vez o corpo adormecido de Tomaz. Pensara quase a noite toda, auxiliado pelos obsessores, em como eliminar seu rival, e não correr o risco de perder Maria Pia para ele. Mas o rapaz era respeitado por todos e, matá-lo sem mais nem menos, poderia açular a raiva dos tropeiros, violentos por si mesmos. Ele não deveria se expor. Reconhecia-se covarde, mas não titubearia em matá-lo se tudo permanecesse encoberto. De tais almas mesquinhas, a humanidade se beneficiaria se fossem daqui expurgadas. Mas... Calma lá! E a fraternidade? As palavras saem impensadas e injustas de nossas bocas e depois não há como recolhê-las novamente; dar o dito por não dito. As consequências serão sempre desastrosas e estaremos passíveis de sofrer lá na frente o que desejamos ao outro.

Um raciocínio lógico:

A Terra é uma escola. Não são os sadios que precisam de médico, e sim os doentes, disse Jesus com grande sabedoria. A reencarnação é obra da bondade e sapiência de Deus-Pai. Santiago era um homem confuso. Mas não tão miserável de sentimentos. Algumas vezes, sabia amar de fato; amar o amor puro e desinteressado. Quando a companheira Alba se fora para o mundo espiritual, deixando-o com o filho epiléptico, ele mais se esforçou por ser um bom pai. Seu caso de ódio era somente em relação ao rival. Mas já era muito!

Ângelo, com apenas dez anos, passou a acompanhá-lo em suas viagens e era para ele que aquele pai se preocupava em levar sempre em sua bruaca[6] alimentos e rapadura. Os dentes do menino estavam quase todos comprometidos pela ação fermentadora de tal doce, mas ninguém se preocupava com isso. Ninguém ali tinha cuidados higiênicos. Levavam a vida apenas com algum conforto a mais do que a boiada que conduziam.

As reses voltavam do rio. Agora era forrar o bucho com o capim ainda molhado pelo frescor da madrugada. Era aquela a melhor hora para pastar, e elas sabiam muito bem disso.

O Sol principiava a nascer, avermelhando a linha do horizonte e franjando as nuvens de dourado, rápido como se tivesse dormido demais e perdido a hora de iniciar seu dia. A passarinhada acordou as-

---

[6] Bruaca: sacos rústicos levados pelos tropeiros para guardar objetos e comida. Iam dependurados um de cada lado nas cangalhas das alimárias.

sanhada e iniciou a orquestra de sons inigualáveis. Logo, as moscas começaram também a chegar. Famintas, tiravam o sossego dos animais e dos homens.

Quase todos os tropeiros já estavam despertos. Seguir viagem era preciso. Somente Tomaz ainda dormia. Pelo semblante alegre, estava sonhando com Maria Pia. Iria vê-la em Minas Gerais e, talvez, se tudo desse certo, pedi-la-ia novamente em casamento. A espevitada portuguesa, como vimos, não era indiferente ao seu amor, mas havia, em seu caminho, Santiago, a quem também dizia amar desde que o conhecera na taberna do já falecido avô. Dizem que quem ama dois não ama ninguém. Mas não pretendo vulgarizar o amor, confundindo-o com sentimentos outros. Nenhum dos três sabia ainda o que era o verdadeiro amor. Um dia saberiam. Não nos esqueçamos de que uma grande estrada se constrói metro a metro; que nosso corpo é a reunião de milhões e milhões de células; que toda a areia dos desertos e das praias é a reunião de pequeninos grãos. Brutalizados, hoje; angelicais, amanhã.

Santiago fora há algum tempo seu único amor, dizia Maria Pia, porém, ele, na ocasião, estava comprometido com Alba e já tinha um filho, o pequeno Ângelo, doente desde o nascimento. Na altura do peito, próximo ao coração, o pequeno tinha três marcas de nascença. Dizia que elas, às vezes, doíam, e na inocência dos verdes anos, afirmava que as via sangrando. Alba, então, passava delicadamente as mãos naquele lugar, dizia-lhe palavras carinhosas, e ele se acalmava.

Alba, bom coração, tinha-o como filho, porém não fora seu ventre que o agasalhara. Ela nada sabia a respeito da mãe biológica. Santiago era ainda muito jovem quando um dia lhe apareceu com o recém-nascido: "Cara Alba. Sempre juraste amor por mim. Agora chegou a hora de o provares. Este aqui é meu filho. Será teu também a partir de agora. Não me perguntes sua origem, pois nada direi."

O garotinho tinha cabelos castanhos, lisos e espetados. Cara de índio. Mas Alba não fez nenhuma pergunta. Não importava de onde ele viera e nem quem o colocara no mundo. Seria seu filho apesar de ser ainda, tal qual Santiago, muito jovem. Nada mais tinha importância. Registraram-no com o nome de Ângelo. Não se casaram legalmente devido a idade de ambos, mas viviam juntos, criando o menino na casa de uma tia dela.

Santiago renunciara, àquela época, então com vinte e cinco anos, ao amor de Maria Pia em nome da honra e da sugestão da própria amada. Agora, viúvo, poderia desposá-la... Se não tivesse no seu caminho Tomaz, que se tomara de amores por ela apesar de ser muito jovem ainda. Maria Pia se sentia envaidecida com dois pretendentes, e não conseguia saber a quem amava de fato. Um era homem feito. O outro, quase menino.

A ideia de matar o rival ia ganhando corpo em sua mente. Era a primeira vez que viajavam juntos. Tomaz aceitara o convite dele para integrar aquela tropa, sem de nada desconfiar. Na verdade, o tropeiro Santiago procurava uma oportunidade para matá-lo. Tal oportunidade talvez aparecesse no caminho e, no meio do mato, seria mais fácil ocultar o corpo. Diria, no dia seguinte, que Tomaz se arrependera da viagem e voltara do meio do caminho. Ninguém ousaria desconfiar de nada. Ninguém... Exceto o filho Ângelo.

Quanto mais pensava em como executar o crime, mais perturbado ficava, pois atraía para si pensamentos e sentimentos análogos que, somados aos seus, era como um cilício[7] a feri-lo sem dó. Havia ainda a turba dos obsessores habituais, que não o poupavam e já agora era uma nuvem escura a envolvê-lo: *Ângelo também deve morrer* – ouvia constantemente tal sugestão das trevas. Mas um Espírito desencarnado, Ederaldo, estava sempre atento para evitar que qualquer mal atingisse seu pupilo. Verdade é que pouco adiantava sua interferência, pois o tropeiro estava conectado às trevas, e ele não conseguia romper o cerco.

---

[7] Cilício: objeto agressivo, geralmente pontiagudo que muitos fiéis da Opus Dei usavam no passado a fim de se penitenciarem.

Livre-arbítrio. Todos o temos e o usamos. Tornamo-nos presas infelizes ou almas libertas que caminham para Deus. A escolha é sempre nossa. Que não haja revoltas depois e nem atribuição de culpas ao destino, à vontade de Deus.

Ângelo sabia quando Santiago estava em trevas, não só pela contração da testa, mas pela escória de Espíritos desencarnados que via envolvendo o pai. Nesses momentos, não conseguia evitar os ataques epilépticos que todos assistiam de longe, com medo de contaminação. Muitos achavam que era possessão do demônio e se benziam. Outros beijavam seus bentinhos[8].

O movimento dos tropeiros arrumando suas tralhas parecia um formigueiro humano. Napoleão viera lamber o rosto de Tomaz.

– Passa daqui, Napoleão!

O riso foi geral. Napoleão foi deitar-se amuado, lamentando-se, com certeza, por não ter sequer um ossinho para roer. Josefina, por sua vez, lambeu-lhe a boca num beijo saudoso de carne.

Santiago, de mau humor, olhou Tomaz com sentimentos contraditórios. Ora lamentava não tê-lo ainda matado, ora dava graças a Deus por não tê-lo

---

[8] Bentinhos: objeto de devoção composto de dois saquinhos quadrados de pano. Contêm oração escrita ou alguma relíquia; conhecido também por patuá. (N.A)

feito. *"Por que obra do demo tenho de conviver com esse gajo mequetrefe?"*

Alma humana.

Desconhecida.

Dual.

Tomaz nem de longe suspeitava de que fosse tão odiado, embora sentisse de forma nebulosa que qualquer coisa desagradável o envolvia toda vez que Santiago o olhava. Dizem que os olhos são as janelas da alma. Então, um arrepio lhe percorria o corpo, e ele se benzia. Pensava em Jesus e pedia sua proteção, mais por medo do que por religiosidade. Com isso, fechava suas portas, e tais vibrações eram rechaçadas, voltando ao emissor que as criara. Justo.

Capítulo 2

Um quase afogamento

Os chamados mortos estão mais vivos e, não raro, imiscuem-se em nossas vidas.

Esta foi uma das mais tumultuadas viagens da tropa de Santiago. Desde a partida, uma sensação estranha envolvia os tropeiros. De atabalhoados e falantes, seguiam quietos e introspectivos. Pararam em uma pequena igreja abandonada em cujas paredes já nasciam samambaias. Ali fora um povoado no tempo áureo da mineração.

Uma igreja, ainda que em ruínas, desperta quase sempre a lembrança de Deus. Entraram com cautela. Santiago beijou seu bentinho. Tomaz lhe imitou o gesto. Tião Matuto riu seu riso desdentado. Os demais examinavam alguns objetos ali abandonados.

Não havia nenhuma cobertura para protegê-los em caso de chuva, e a igreja serviria muito bem, apesar de não ter teto e as paredes ameaçarem ruir. Assim, instalaram-se em um encosto perto de um rio, o que lhes era muito conveniente.

Ângelo, normalmente casmurro, desceu até o rio e, percebendo que algumas sombras o seguiam, parou, de repente, a inquiri-las mentalmente:

"Não estão satisfeitas com o que fazem com meu pai? Por que não vão para o mundo de vocês? Por que não conseguem ver ninguém feliz?"

Enquanto pensava, ia-se despindo. A água límpida haveria de espantar seus fantasmas. Um dos avejões se aproximou:

Idiota. Se você soubesse o que aconteceu no século XVI, em Portugal... Por certo não o defenderia assim. E tem mais: Você não é nem um pouco melhor do que nós. Como ousa nos dar ordens?

Ângelo não ouviu a resposta de modo claro, mas um sentimento amargo em relação ao pai sacudiu sua alma e foi buscar, lá no inconsciente, espinhos encobertos pela nova existência.

Os desencarnados tentaram golpeá-lo, no que foram impossibilitados por uma força maior. Frustrado o golpe, o mais peçonhento do magote disse, enquanto os demais recuavam:

Os vanguardeiros da luz estão por perto. Cuidado. Não nos deixarão agir como queremos. Miseráveis! Mas, quem sabe...

Antes de mergulhar, Ângelo ouviu o som da gaita. O pai era incansável. Quanto mais tenso, mais tocava, e Ângelo reagiu ao pensamento mau que tivera, ainda há pouco, em relação a ele. Santiago era seu pai. Sacrificava sua vida por ele. Poderia tê-lo abandonado em algum orfanato ou o deixado com sua madrinha que o queria, mas não abriu mão de sua responsabilidade e procurava amá-lo.

Não havia ali escola para o garoto, e ele mesmo o alfabetizava. Afinal, havia estudado em uma boa escola em Portugal. Às vezes, arrependia-se por ter deixado a pátria, mas Alba o incentivara, pondo-lhe na cabeça sonhos de se ficar rico no Brasil. E havia a possibilidade de esquecer Maria Pia, que se era seu céu, era também seu inferno.

Bem depressa, entretanto, percebeu que as coisas não eram tão fáceis assim, pois o trabalho era duro. O Brasil dos primeiros tempos não oferecia o conforto ao qual estavam acostumados, e o filho tinha uns chiliques estranhos, que àquela época eram ainda um tanto desconhecidos, pois o Espiritismo ainda não havia contemplado a humanidade com seus esclarecimentos. Tudo tem seu tempo e, no calendário cósmico universal, a Doutrina dos Espíritos estava anunciada para meados do século XIX.

Quando Ângelo mergulhou nas águas do rio, o bando de Espíritos se aproximou. Ele emergiu e deu algumas braçadas. A correnteza era forte, e a cãibra nas pernas não se fez esperar:

– Socorro! Pai! Paaaaaaiiii.

E o pequeno corpo ia sendo levado. Ora emergia, ora imergia, engolindo muita água e dando braçadas desesperadas, enquanto as pernas doíam e se encolhiam.

O vozerio dos tropeiros impedia que os gritos fossem ouvidos. Foi quando um Espírito amigo percebeu o que ocorria e depressa se postou ao lado de Santiago, gritando a plenos pulmões e usando toda sua força de vontade:

Corra ao rio, Santiago! Seu filho está se afogando.

Santiago parou imediatamente de tocar e saiu correndo em direção ao rio. Parece que a sintonia foi tal, que ele ouviu distintamente a voz daquele que habitava o outro lado da vida, ordenando-lhe.

– O que aconteceu? – perguntou Tomaz, que comia um pão ressecado e um naco de carne seca. Não houve resposta.

– O home *indoidô*! – disse Tião Matuto, exibindo seu riso desdentado.

Vários homens correram após Santiago. Napoleão e Josefina latiam ferozmente, e o gado levantava placidamente a cabeça sem deixar de mastigar.

Ângelo se debatia. Embora soubesse nadar muito bem, tinha as pernas inoperantes, doloridas, e os nervos embolados pela cãibra o faziam gritar de dor.

Ação das sombras.
O poder da sugestão.
Construção do mal.

O acontecido:

Um daqueles Espíritos vingativos sugeriu a Ângelo a cãibra nas pernas. Nem precisou chegar perto dele. De onde estava, concentrou-se no rapazola e, como encontrasse as portas abertas, pelos pensamentos negativos do menino, não teve a menor dificuldade em fazê-lo plasmar a dor.

Ângelo aceitou a sugestão das trevas. Afinal, o Espírito manda, e o corpo obedece. Idealizou suas pernas impotentes e criou o clima negativo. Assim, também surgem muitas doenças, porque há muitos doentes que a reclamam para si. São os psicopatas, os hipocondríacos, aqueles que outro assunto não têm senão falar em doenças e negatividades, abrindo-se a elas. Infelizmente.

Antes de qualquer realização, fazemos o desenho mental, fluídico. Depois, tudo fica mais fácil. Como o ímã a atrair a limalha de ferro para si. Ignoramos – ou sabemos, mas não praticamos – que a força do pensamento unida à vontade, é criadora. Tanto para o bem quanto para o mal. Vejamos o que nos relata o cientista italiano do século XX, Ernesto Bozzano, no seu livro *Pensamento e Vontade* (7ª edição, FEB, p.25):

"No dia 26 de fevereiro de 1908, bateu-me à porta um distribuidor de brochuras e revistas da 'Sociedade de propaganda cristã' e acabou por conseguir que eu comprasse um número da revista, a título de experiência.

De pronto, despertou-me a atenção um artigo sobre o Espiritismo, no qual não se contestava a realidade dos fatos, mas lhe atribuía uma origem diabólica.

Mandei entrar o visitante e logo engajamos, a propósito, viva controvérsia.

Por fim, como sói acontecer nestes casos, cada qual se retirou na suposição de haver batido os argumentos contrários.

Assim, não se retirou o adversário sem elevar a Deus uma prece, para que me abrisse os olhos à "verdadeira luz".

Quereria com isso dizer me fosse aniquilada a diabólica faculdade da clarividência – que sem embargo foi, desde os tempos mais remotos, o sinal dos servos e profetas de Deus –, e esclarecido o meu Espírito de modo conformativo com as opiniões dele suplicante.

Isto feito, lá se foi, assegurando-me que dali por diante os diabos ficavam expulsos de minha casa.

Pouco depois, recostava-me ao sofá, para repousar e meditar, e eis que repentinamente me surgem três "diabinhos", absolutamente idênticos ao tipo ortodoxo: – corpo humano, pés de bode, pequenos chifres atrás das orelhas, cabelos lanudos, quais os dos negros, tez cobreada.

Francamente, confesso haver sido de susto a minha

primeira impressão e creio que o mesmo sucederia a qualquer outro observador.

Meu primeiro cuidado foi erguer-me para melhor certificar-me de que não estava sonhando.

Sem embargo, lá estavam os diabinhos!

Alucinação... quem sabe? Mas a coisa era, nem mais nem menos, idêntica ao que se dava quando eu divisava os "Espíritos" nas sessões mediúnicas –, Espíritos esses, sempre identificados por um assistente.

Concentrei-me, então, no intuito de atingir o estado que denomino – "condição superior", graças à qual as faculdades clarividentes se me tornam mais latas do que quando as utilizo em público.

Conseguido meu desideratum, não tardou percebesse que os tais "diabinhos" não passavam de formas efêmeras, como se fossem figuras de papelão.

Os Espíritos-guias me sugeriram, então, uma sentença cujo sentido ora me não corre, e que teve a virtude de desintegrar e dissolver instantaneamente os tais "diabinhos".

Para dar ideia do seu desaparecimento, direi que eles se transformaram em pequenas nuvens, semelhantes à fumaça do alcatrão.

E assim me exprimo, por serem tais a cor e o cheiro dessas "formas-pensamento", engendradas por um indivíduo que, de boa fé, acreditava houvesse Deus criado seres maléficos com pés de bode, no só intuito de atormentar a Humanidade."

Podemos agora entender melhor o que se passou com Ângelo: Ao aceitar a sugestão mental do obsessor, imprimiu em suas pernas a ideia da dor, da cãibra. Assimilou-a, como a ordenar que tal se desse, e foi prontamente obedecido.

A escória espiritual ali presente não era inimiga propriamente dele, mas de Santiago. Como não alcançava o pai, vingava-se no filho.

Santiago percebeu a agonia do filho que, agarrado a um galho, massageava as pernas e esperava por socorro. De repente, o galho se soltou da árvore e foi levado pela correnteza. Sem titubear, Santiago se jogou na água sem nem mesmo tirar a roupa. Ângelo estava salvo. Todos olhavam assustados.

Samuel, o trevoso desencarnado, insatisfeito por não ter conseguido o que queria, olhou de soslaio para o Espírito Ederaldo, em quem não confiava. Tinha razão para isso. Ederaldo estava junto ao magote apenas para proteger Ângelo e Santiago. Não era um malfeitor qualquer querendo vingança, como supunham. Infiltrara-se na turba obsessora e fingia hostilidade a Santiago apenas para poder ajudar o amigo do passado que muito o auxiliara, por sua vez. Fora ele quem correra a avisar o antigo benfeitor sobre o acidente com Ângelo.

Samuel já havia sugerido ao bando que expulsasse Ederaldo, mas não fora atendido pelo chefe. Decidiu ficar atento. Podia jurar que fora ele quem avisara o tropeiro.

Santiago, ofegante, abraçou o filho e lhe fez severas massagens nas pernas, que logo voltaram ao normal. Após o salvamento, digno de louvores, uma ideia surgiu na mente dele: não perdera uma oportunidade e tanto de se livrar daquele filho que ultimamente vinha sendo um obstáculo à sua felicidade? Aquele doente que ele não conseguia amar como prometera à mulher falecida? Maria Pia não teria mais motivos para temer uma união com ele se o deixasse morrer. Mas não! Repudiou a ideia que, no entanto, ficou teimosamente macaqueando em seu cérebro. A sombra escura o envolveu:

Você é mesmo um estúpido! Ofereci-lhe a oportunidade de livrar-se dele e vingar-se do passado ao mesmo tempo, e você... o que fez? Livrou-o da morte merecida!

Santiago registrou aquela admoestação na forma de insatisfação. Por um momento, viu-se na personalidade de um português inteligente e bonito, amigo da família real de Portugal no final do século XVI. Reviu como num *flash* uma figura feminina que lhe fez palpitar o coração. E um ódio de Ângelo lhe obscureceu a visão. Tudo em uma fração se segundos.

Foi com ar desgostoso que olhou para o filho:

– Que aconteceu, afinal? Poderias ter morrido!

– Não sei o que aconteceu, pai. Estava bem... De repente... Sabe... aquelas visões...

Santiago o interrompeu. Ouvidos curiosos estavam atentos.

O menino entendeu e se calou. Já era muito ruim terem pena dele por considerarem-no possuído pelo demônio, agora, se dissesse que via "tais demônios", seria um Deus nos acuda.

– Ângelo... não és mais nenhum bebezinho! Será que tenho de estar sempre ao pé de ti? – e, azedo, voltou sem esperar pelo filho.

No caminho, encontrou Tomaz. Ignorou-o, e não lhe respondeu às perguntas sobre o acidente.

Este é outro que não perde por esperar. Ângelo... como pude sequer conceber a ideia de me ver livre dele? E o que estará me fazendo ter pensamentos tão extravagantes e anticristãos? Só pode ser o cão! Que Deus me proteja – e beijou seu bentinho. Por superstição e não por religiosidade.

O remorso traz uma sensação madrasta à alma. Aliado indesejado, por não saber esquecer e perdoar, joga a criatura em uma indecisão incomodativa e nociva.

Santiago não era má pessoa, porém, apegado às ilusões da vida material, esquecia-se frequentemente da realidade espiritual. Espírito contraditório. Abraçava a luz e a treva no diminuto passar de um segundo.

Maria Pia era tudo o que mais queria no mundo e só em pensar que poderia perdê-la, sentia um amargo na boca e uma trepidação no coração.

Capítulo 3

Realidade ou imaginação?

Enquanto a comunidade terrestre não se adaptar à nova luz, respirará cercada de lágrimas inquietantes, de gestos impensados e de sentimentos escuros. (Emmanuel – *Fonte Viva*)

Estranhos ruídos na mata. As mulas se escoiceavam como se estivessem sendo agredidas por algo invisível. Napoleão e Josefina andavam de um lado a outro, farejando... desconfiados...

Santiago foi cobrir o filho que dormia, mas, nesse momento, um zumbido forte chamou sua atenção. Um tropel distante, como se alguma boiada estourada estivesse vindo exatamente na direção deles. Os pelos do corpo se lhe eriçaram. "Seremos todos esmagados" – pensou.

– Que diabo é isso? – perguntou um tropeiro que se preparava para dormir.

– Não sei. Parece que alguma boiada estourou

e vem em nossa direção. Sinto a terra tremer debaixo dos meus pés! – respondeu nervosamente Santiago.

– Santa Maria... olhai por nós – disse outro, beijando o rosário que trazia no bolso.

– A boiada está se aproximando. Vamos ficar aqui e ser esmagados? – perguntou Tomaz.

– Qual boiada qual o quê! Boiada nenhuma poderia estar disparada em meio a este mato quase fechado – respondeu o do rosário.

Santiago viu que ele tinha razão. Dali a pouco, todos estavam despertos, exceto Ângelo, que dormia a sono solto. O estranho ruído estava mais próximo. O interessante era que nem todos ouviam:

– Do que vocês estão falando? Que barulho? Só ouço as aves noturnas e alguns cachorros latindo ao longe – disse um dos que nada ouviam de anormal.

– Não é possível que não estejam ouvindo! Estão todos surdos?! – perguntou, admirado, Tomaz. Também Santiago estranhou o fato. Mas naquele momento, não tinha tempo para especular

– Precisamos fazer alguma coisa!

– O quê? – perguntou Tomaz a Santiago.

– Não sei. Vou acordar o Ângelo e correr daqui. Acho bom todos se protegerem, pois o barulho está cada vez mais próximo.

O ruído insólito continuava cada vez mais perto... mais perto... Tomaz se ajoelhou ali mesmo e fez uma prece. Estava todo arrepiado e jurou nunca mais tropear por aquelas bandas.

– Foi por aqui que o Zé Trindade morreu. O assassino estava amoitado, e o pobre não teve chance – disse um dos tropeiros.

Santiago ia acordar o filho quando aquela voz obsessiva que o perseguia lhe disse:

Pela segunda vez em um mesmo dia você vai salvar o Ângelo? Da primeira vez, lá no rio, foi pego de surpresa, mas agora estou avisando a tempo. Aproveite a confusão e se livre dele. Ele dorme, morrerá sem sentir... Não tenha remorsos.

Santiago estacou no meio do caminho. O pequeno corpo enrolado em um poncho, malgrado o calor reinante, lá estava na inércia do sono. *Morrerá sem sentir... Não sofrerá nada.... Não tenha remorsos...* – a voz a persegui-lo.

Antes de se decidir pela vida ou pela morte do filho, o ruído estava quase dentro do rancho. Mas não era estouro de boiada. Era um animal parecido com cavalo selvagem. Passou por eles na mais vertiginosa carreira.

O barulho, com certeza, não poderia ser dos seus cascos, nem teria cabimento um animal de porte médio fazer tanto barulho. Algo inusitado estava acontecendo ali.

O cavalo (cavalo?) deixou um cheiro acre à sua passagem e todos taparam o nariz.

– Que diabo foi aquilo? – perguntou Tomaz descendo de uma árvore, na qual subira feito uma lagartixa, tão logo acabara a apressada oração.

Pouco a pouco, os demais também foram chegando. Tião Matuto mostrava seus dentes apodrecidos num riso nervoso e dissimulado. Mas nada disse, pois a voz não saiu.

– Que foi aquilo? – repetiu Tomaz.

– Parecia um cavalo doido.

– Sei, mas me refiro à barulheira toda.

– Isso foi assombração – disse Caripó, o cozinheiro, um homem de cinquenta anos e um dos poucos que ouviu o ruído ensurdecedor.

– *Oiça* lá, ó Caripó! Não me venhas com essa história de assombração. Somos homens feitos para acreditar nisso! – mas no fundo, sabia que bem poderia mesmo ter sido assombração.

– Santiago tem razão. Vamos pensar com calma. Caripó, tu sabes por que nem todos ouviram o ruído?– perguntou Tomaz.

– Isso não sei dizer. Mas acho que o coisa ruim...

– Não digas o que não sabes, Caripó. Ao menos todos viram o cavalo passando como um raio?

Todos responderam afirmativamente.

Com toda aquela conversa, Ângelo acordou.

– Mas aposto que ninguém viu o que eu vi – disse Caripó.

Sua fama era a de bruxo, mas isso se devia à ignorância do povo. Todos se foram aproximando a fim de não perder nada das revelações de Caripó.

– E o que só tu viste, ó homem de Deus? – perguntou Santiago.

– No lombo daquele cavalo havia um Espírito humano... Espírito do mal. Tinha pressa em chegar aonde queria, por isso, usou o corpo do cavalo.

– Que imaginação tens, velho! De onde tiraste tal asneira?!

– O caipora bebeu demais! Está vendo coisas *do arco da velha!* – disse Antenor, um tropeiro manco.

Caripó fingiu que não escutou.

– E digo mais: não era Espírito de morto, mas de gente que vive ainda; que não está morta, mas que deixou seu corpo adormecido em algum lugar. Espírito de vivo é diferente. Entendeu? Sei disso porque já vi dos dois tipos.

Silêncio.

Medo.

Insegurança.

– Estás a fazer graça?! *Oiça* lá, Caripó, para com essas tolices. Espíritos... – ia dizer que não acreditava neles, porém, lembrou que toda sua vida os ouvira e os sentira perto de si. Mesmo assim, não mudava de vida.

– Tolices? Falei a verdade. Vi perfeitamente. Já vi isso acontecer com outros animais, com bichos do mato, até com onças. Tem de tudo nesse mundo de Deus! E não se duvida daquilo que se desconhece.

Santiago arriscou uma opinião:

– Deve ser arte do saci. Há muitos deles por aqui. Neles, eu acredito. Até lá, em Portugal, na minha quinta, estive a ver um.

– Qual saci, qual o quê! Era Espírito de gente viva, pois não estou dizendo?

– Jesus, Maria, José. Quanta besteira! – exclamou Tomaz.

– Não é besteira! Besteira é não acreditar. É fazer de conta que essas coisas não acontecem. Meu falecido pai dizia que, na fazenda onde morava, aconteciam coisas de arrepiar. Ele tinha um cavalo que vez ou outra saía em disparada para voltar só pela manhã. Tinha então marcas pelo corpo e as crinas trançadas.

Todos os tropeiros discutiam. Cada um querendo fazer prevalecer a sua opinião. Àquela época, pouco se sabia sobre Espíritos e mediunidade.

– Como podes garantir isso? Acho que estás a fazer pilhéria. E com isso não quero brincadeira, ora pois!

– Pilhéria nenhuma. Eu sei. Eu consigo ver as coisas do outro mundo. E tem uma voz que fala comigo. E contigo também, não é, Santiago?

– O quê?

Todos se voltaram para Caripó.

– Tu tens conversado muito com essa voz, bem sei.

– Eu? Estás louco, velho? Do que estás a falar? *Endoidaste*, ó gajo!

Caripó chegou bem próximo:

– Falado em pensamento. Eu sei... Também ouço a voz. Ele não gosta de ti e nem de Ângelo. Foi ele quem mandou os *"coisa ruim"* seguir com a tropa para nos danar. Foi ele quem sugeriu a morte de Ângelo. Não fosse Ederaldo...

– Quem é Ederaldo?

– É o protetor de Ângelo, mas não espalha... que ninguém saiba disso. Principalmente, as trevas que nos acompanham.

– Tu és algum maldito feiticeiro ou o quê?

– Feiticeiro, não. Digamos que tenho "olhos de ver e ouvidos de ouvir".

Os outros se aproximaram mais. Caripó silenciou. Santiago relembrou o acontecido de horas antes e o de ainda há pouco: *(...) ele morrerá sem sentir... não tenha remorsos...*

E não teve dúvidas de que Caripó falava a verdade. Ele tinha mesmo um inimigo que não o deixava em paz.

– Oiçam – disse Tião Matuto. – Inda vamu vê coisa de arrepiá por aqui... É só isperá mode vê.

– Fecha a matraca, Tião! – disse Antenor, o manco, que enrolava um cigarro de palha e parecia bastante nervoso.

Napoleão e Josefina, que haviam desaparecido logo que começou o estranho tropel, voltaram e foram se deitar debaixo de uma árvore.

O velho Caripó era conhecido e temido por afirmar que podia ver os Espíritos. Dizia que chegava a entabular conversa com eles. Era também o benzedor. Benzia desde quebranto até mordida de cobras. Todos duvidavam, mas pelo sim pelo não, sempre que precisavam o procuravam.

Caripó destravava a língua e agora narrava um "causo":

– O ano passado, quando tropeava por essas bandas, conheci um tropeiro de nome Agustiniano. Certa noite, ele deu de gemer e falar sozinho. Eu me aproximei para ouvir. Comecei, então, a conversar com ele, ou melhor, com o caboclo que estava nele. Quando lhe perguntei o nome, ele disse: *Caboclo da Mata; isso basta, que nós, Espíritos, temos os nomes que bem entendemos ter.*

Todos os tropeiros se aproximaram para ouvir a conversa. Caripó continuou:

– O caboclo disse que estava ali em missão. – Que missão? – perguntei. *Isso não posso dizer* – respondeu o Espírito. – Percebi que aquilo não era coisa certa; coisa de Espírito decente. Então, apanhei dois galhos de árvore e fiz uma cruz. Encostei-a no rosto do Agustiniano e lhe disse, ou melhor, disse ao Espírito: Afasta-te, Satanás! Tenho o poder da cruz. Conhece Jesus Cristo? Falo em nome Dele. Deixa este corpo agora! "Ave Maria cheia de graça..." O Espírito se aquietou. Agustiniano gemeu mais forte como se estivesse sofrendo muito.

Caripó parou um pouco para sondar a impressão que causava.

– Acaba de uma vez essa história, ó gajo – disse Santiago.

Caripó continuou:

– Eu disse ao caboclo: Fiz "procê" uma pergunta em nome de Jesus. Se não me responder em nome Dele que é amor e paz, vou chamar o coisa ruim; o cão... então... escolha. – *Mas não posso falar... preciso levar a alma deste aqui* – disse o Espírito. – E quem lhe deu permissão para levar almas? Acaso não sabe que isso é trabalho do Pai Eterno? Não teme a mão Dele?

O Espírito caboclo gemeu, por sua vez: *Desamarre-me! Você não sabe do que minha turma é capaz! Ai, ai, como se atreve a me render?*

– Sua turma? Quem é ela? – *Nunca ouviu falar dos Destemidos Soldados das Trevas? Pois é... faço parte dessa organização há muitas décadas. Consegui entrar depois de alguns serviços prestados. Agora, você está me impedindo... Está me amarrando... Posso ser expulso e, se isso acontecer, você vai se arrepender e muito.* – Em nome de Jesus eu o conjuro a deixar em paz meu amigo aqui. Volte para o lugar de onde veio e não mais retorne. – E lhe apontei a cruz de gravetos enquanto orava intermináveis Ave-Marias. – *Não posso fazer isso.* – Claro que pode. Volte. Pelo sangue de Nosso Senhor Jesus Cristo. Sai! Vade retro, Satanás!

Os ouvintes nem piscavam.

– E o Espírito, jogando violentamente Agustiniano no chão duro, foi-se – concluiu Caripó.

Todos estavam mudos de estupefação.

Os acontecimentos estranhos na tropa de Santiago deixaram todos perturbados. Longe ainda estavam os esclarecimentos espíritas. Estes só viriam em meados do século XIX, por intermédio de Allan Kardec.

Santiago e seus tropeiros já haviam presenciado muita coisa estranha nas suas viagens: luzes que caminhavam pela mata e que não se apagavam com a chuva, uivos de lobo embora a região não o possuísse, criaturas minúsculas que brilhavam como faróis na escuridão, gemidos lancinantes de pessoas que pareciam estar nos esgares da morte... Todavia, aquele cavalo galopando com um Espírito humano no lombo era demais para seu entendimento.

Ângelo lamentou não ter acordado para ver o tal cavalo e ouvir o barulho:

– Pai, gostaria de ter visto tudo isso.

– *Oiça,* cá, ô *muleque.* Nunca mais digas tantas

tolices. Fico arrepiado só de pensar. *"Minha Nossa Senhora, protegei nossa tropa."*

– Mas pai... eu saberia decifrar a coisa. Como Caripó, eu também ouço as vozes. Elas me explicariam.

– Estás a atrair o cão! Fica quieto para teu bem, ó *muleque*! – mais uma vez, beijou seu bentinho.

Capítulo 4

O porquê das antipatias

"Quando o homem está morto, vive sempre; acabando os dias de minha existência terrestre, esperarei, porquanto a ela voltarei de novo". (Job, Cap. XIV; v. 10 a 14)

Uma existência... Um aprendizado?

Quase sempre. O Homem demora a consubstanciar lições espirituais positivas, entender a linguagem do amor; porém, o progresso é inevitável e o tira da inércia improdutiva. É trabalho dos mais importantes cuidar da própria evolução.

Não fossem as inúmeras reencarnações, jamais lograríamos chegar à perfeição; à perfeição relativa junto ao Criador, onde nosso ser, então luminescente, viverá o estado total da felicidade sem jaça.

Aqui, onde estagiamos para nos livrarmos da fuligem espiritual, a fim de que brilhe nossa luz interior, temos apenas momentos de felicidade. Fugazes instantes de paz. Vislumbramos o céu pela cortina entreaberta das trevas.

Por que Santiago tinha sentimentos paradoxais em relação ao filho Ângelo? Sim, pois o amava e o odiava ao mesmo tempo. Sua alma lutava por querê-lo; a consciência lhe dizia ora sim, ora não.

Vez ou outra, quedava-se a pensar na própria infância... Desta, ia além e, como em uma análise transcendental ou volta ao passado espiritual em Portugal, via-se armado com um punhal... Um corpo no chão... O sangue a manchar a grama... O grito de uma mulher... Depois... tudo era silêncio e dor.

A vida tem de continuar malgrado nossos tropeços. A lei desrespeitada tem, em si mesma, a resposta à violação. Não há necessidade de outros meios para ser obedecida e, embora nossa rebeldia, é a rédea que nos reconduz ao caminho certo.

A evolução empurra. A humanidade se transforma no dobar dos milênios. O instrumento? Quase sempre – senão sempre –, a dor. Um trio: Bráulio (Santiago), Afonso (Ângelo) e Martim (Tomaz).

Vamos retroagir ao início do século XVI. Ano 1585, Lisboa. Portugal. Família tradicional. Bráulio trabalhava na corte portuguesa. Era um belo rapagão com futuro promissor. Amigo do rei, que lhe fazia concessões e o tratava com amor filial. Corria o boato de que ele seria um filho bastardo. Explica-se, pois, a situação privilegiada do rapaz.

Os pais das moças que estavam em idade de se casar já lançavam os olhares sobre ele, vendo-o como um bom partido para suas filhas. Era bom caráter, mas um tanto intransigente, não admitindo o menor deslize das pessoas com as quais convivia. Possuía dois amigos: Afonso e Martim. Formavam um trio aparentemente harmonioso. Embora ambos prezassem a amizade de Bráulio, não perdoavam o fato de o amigo ser o mais atraente dos três e de desfrutar os favores reais. O ciúme os espicaçava, mas disso não davam mostra.

O salão do palácio estava feericamente iluminado. Vaivém dos criados e pajens na execução dos seus trabalhos. Vozerio alegre de moças. Fru-fru de vestidos longos de tafetá.

As matronas, orgulhosas de suas filhas, faziam comparações entre as beldades ali presentes e também esperavam pela entrada de Bráulio. Era aquele o genro cobiçado. Então, chamavam as filhas para ajeitar-lhes alguns fios de cabelo fora do lugar, dar-lhes algum conselho, beliscar-lhes delicadamente as bochechas para dar um ar de saúde, empoar-lhes o rosto onde uma gota de suor teimava em brotar.

Afonso se entretinha em conversa com Esmeralda (hoje Maria Pia). Martim se mordia de ciúme, pois a donzela sempre o fazia calar-se quando a conversa se encaminhava para uma declaração: "Oh, Martim! Perdoe-me. Meus amigos estão a me chamar. Preciso me afastar um pouco. Desculpe-me. Noutra hora falaremos..."

Com Afonso, agia da mesma forma, mantendo os dois como marionetes que manipulava com maestria, sem, contudo, tirar-lhes de vez a esperança. Nunca se sabe. A porta trancafiada do amanhã pode esconder surpresas.

Coquete sem ser vulgar, ela sabia muito bem manipular os pretendentes. Porém, não eram os dois apaixonados que babavam a seus pés, que faziam seu coração bater descompassado. Que nada! Seu sonho era bem maior. Ela não descuidava de percorrer a cada minuto o salão para ver se Bráulio já havia chegado. Era o rapaz mais bonito e elegante da corte e o de futuro mais promissor que ela esperava com ansiedade. Ela e as demais moças em idade de se casar.

Alma feminina...
Parceira da dissimulação?
Costela de Adão?

Esmeralda, finalmente, viu aquele a quem esperava. Seus olhos brilharam. Aquele para quem se enfeitara, que sonhava por marido, que lhe daria filhos tão lindos quanto ele mesmo e uma vida livre de preocupações, adentrava o salão.

Livrou-se delicadamente do jovem Martim, que se afastou, amuado, pois percebeu muito bem o motivo. Esmeralda desejou que Bráulio viesse cumprimentá-la em primeiro lugar.

O jovem a viu, e seus olhos também brilharam de satisfação. Ninguém mais lhe mereceu atenção.

– Esmeralda! Estás mais linda do que um botão em flor!

Por mais que as mães das demais donzelas casadoiras as incentivassem à luta, elas sabiam que Bráulio estava perdido para elas. Na juventude sadia, não há amores fatais. Perde-se um. Corre-se em busca de outro, pois para tia, nenhuma delas tinha vocação. E o sorriso que havia desaparecido quando viram a preferência dele por Esmeralda, voltou. E olhos sondadores perscrutavam todo o salão. E já a tristeza se fora.

O baile começou. Esmeralda e Bráulio saíram a valsar. Afonso e Martim se olharam: "Nem pra mim e nem pra ti" – disse Martim a Afonso, com o desapontamento retratado no rosto.

– Aí é que tu te enganas, meu caro.

– Tens um sorriso malévolo, Afonso. Que se passa? Tens alguma ideia para separar esses dois? Se tens... fala logo! Este gajo aí não merece nem um pouco a Esmeralda.

Afonso pensou. Deveria colocar Martim a par do que pretendia fazer? Mas o amigo também amava Esmeralda e poderia frustrar seus planos de conquista. No momento, nada lhe diria.

– Nada. Não há jeito. É procurar outra rapariga e esquecer Esmeralda. Não vês como ela se derrete pra ele? – e saiu a procurar uma jovem para dançar. Mas sua noite já estava estragada.

Martim fez o mesmo, mas reconheceu que sua noite, qual a do amigo, também desandara.

Bráulio, sem saber da paixão dos amigos por sua amada, falava-lhes da felicidade que sentia e dos planos para breve casamento.

Ao Espírito pequeno não apraz a felicidade alheia.

O plano foi idealizado com a maior frieza possível, por Afonso, que resolveu trocar ideias com o amigo e pedir sua colaboração. Porém, de sentimentos mais nobres, Martim, mesmo sofrendo a dor do amor não correspondido, decidiu que nada faria para separar Bráulio da mulher amada. Tentou dissuadir

Afonso daquela ideia, mas de nada valeram os argumentos. Afonso estava disposto a acabar com a felicidade dos dois. Se Esmeralda não fosse dele, de Bráulio também não seria.

Naquela noite, sonhou que um anjo lhe reprochava a atitude mesquinha e se sentiu envergonhado e triste. Prometeu ao anjo que nada faria para atrapalhar a vida do amigo e da mulher que dizia amar. Mas, na manhã seguinte, perguntou-se se realmente aquele sonho mereceria crédito; se não era produto de sua mente excitada.

E colocou o plano em ação. Escreveu a Esmeralda pedindo que ela fosse encontrá-lo em um jardim próximo à sua residência, embaixo de determinada árvore. Poderia ele mesmo ir até lá, mas corria o risco de ser atendido pela governanta, e queria que ninguém, além de Esmeralda, o visse. Deu uma moeda a um menino para que ele entregasse o bilhete a ela:

– Vou ficar te espiando, ó rapaz. Entrega somente para Esmeralda. Senão... Já sabes... Quebro-te o pescoço.

– Farei como dizes, senhor.

– Na volta te darei mais algumas moedas. Vá lá, ó fedelho!

E o garoto lá se foi. Ele atrás. À porta da casa, Afonso tocou a sineta e correu para se ocultar atrás de uma grande árvore. A governanta da casa foi atender. Afonso temeu que o garoto entregasse a ela o bilhete. Mas o menino era esperto e pediu para falar com Esmeralda. A governanta resmungou alguma coisa e foi chamar a moça.

– Que queres? Eu te conheço?

– Não, moça. É que tenho um bilhete para te entregar... – e deu-lhe o papel dobrado.

– De quem é? – Mas o garoto já não mais estava ali. Ardendo de curiosidade, ela desdobrou o papel:

> Cara senhorinha Esmeralda.
>
> Sabes que te desejo toda a felicidade do mundo. Por não concordar com o mau caráter de Bráulio, que te está a enganar descaradamente, é que marco um encontro para daqui a meia hora, cá no jardim, onde te aguardo. Garanto-te, minha senhorinha, que não me move outro desejo que mostrar-te o quanto aquele crápula te está a enganar. Não mostres este bilhete a ninguém, caso contrário, lavarei minhas mãos.
>
> Afonso

Afonso arriscou uma olhadela. Viu a moça ler mais de uma vez e percebeu seu nervosismo. Depois, ela chamou a governanta.

"Se ela mostrar o bilhete, estarei perdido."

Esmeralda disse à mulher que não demoraria; que iria visitar uma amiga enferma e que ela não se preocupasse.

"Essas raparigas de hoje..." – resmungou a governanta.

Esmeralda não esperou passar meia hora. Correu ao jardim, não muito distante dali. Afonso lá estava. Trêmulo. Já um pouco arrependido da façanha. O anjo do sonho lhe voltou à mente. "Não há outro jeito" – pensou, resignado.

– Então... O que significa isso, senhor Afonso? Estás a brincar comigo?

– Senhorinha... Primeiro, senta-te. O que vou te contar é muito grave e só a amizade que te dedico me leva a trair um amigo.

Esmeralda estava trêmula e indignada. As cores lhe fugiram da face.

– Estou a te ouvir. Anda, que não devo me demorar.

– Bem, primeiro...

– Sem rodeios, por favor. Vamos logo às provas da infâmia que disseste.

– Claro. Só que as provas tu a verás com teus próprios olhos. Não hoje.

– Por que não hoje? Agora?

– Calma, senhorinha Esmeralda! Sei o dia e a hora que Bráulio virá aqui, neste mesmo jardim, encontrar-se com sua amante. Aliás, amante por pouco tempo, pois ele vai se casar com ela.

– Não posso crer! Bráulio não seria capaz! Há um engano em tudo isso! – e já as lágrimas brotavam nos olhos amendoados.

– Não conheces os homens, senhorinha...

– Mas... – não pôde continuar. Choraria se tentasse.

– Pois tu mesma verás com estes olhos lindos que tens.

Em um esforço inaudito para se controlar e segurar as lágrimas, disse num sussurro:

– Impossível! Estamos praticamente noivos! Quem é ela?

– Chama-se Maria Leocádia. Veio da Espanha há poucos dias. A mãe dela é muito bem relacionada na Corte.

– Maria Leocádia... Deve ser alguma aventureira em busca de enricar!

– Ela foi apresentada a Bráulio pelo próprio rei, que disse fazer gosto na união de ambos. Disse ainda que daria um bom dote ao casal. Achas que Bráulio ousaria descontentar o rei? Desprezar um dote real?

Esmeralda deu livre curso às lágrimas.

– Então, ficamos combinados. Amanhã, neste mesmo horário, nos encontraremos. Tu verás com teus próprios olhos. Não faltes e nem comentes isso com ninguém. Verás que sou teu amigo.

– Não faltarei nem que chovam as lavas do inferno!

Esmeralda se trancou no seu quarto e se jogou na cama. A mãe estava em viagem, e ela não confiava em mais ninguém com quem pudesse abrir o coração e receber algum conselho.

E depois de muitas lágrimas, queixas e acusações, silenciou. Puxou um relicário do pescoço. Abriu a medalha. De um lado, o Anjo Gabriel, do outro, a mãe santíssima, Maria de Nazaré.

"Mãe de todos nós. Ajude-me. Anjo Gabriel... não permita seja isso verdade. É cruel demais!"

Seus membros começaram a formigar. Uma sonolência se apoderou dela. Então, viu algo formando-se como se feito de névoa. Quis gritar, e a voz não saiu. Quis levantar-se, e seus membros não obedeceram: "Meu Deus! Estou a morrer! Vieram buscar a minha alma. Bráulio, tu és o culpado de tudo isso! Terás minha morte na consciência!"

O ser etéreo a olhou, comovido. Aproximou-se. Colocou ambas as mãos sobre sua testa e ficou em silêncio por algum tempo.

Esmeralda a tudo via e sentia, mas não podia se mover. O medo foi passando. Não morreria, afinal. Quis conversar, mas o muito que conseguiu foi pensar. Mesmo assim o Espírito a ouviu, pois não é o pensamento a linguagem universal dos Espíritos?

Esmeralda... relaxe. Não exagere sua dor. Sabemos que não o ama tanto assim; que ele é mais um capricho seu.

Esmeralda, surpresa:

"Eu o amo, eu o quero, no entanto..."

Ele não está predestinado a ser seu esposo. Por que não aceita Martim, o bom homem que lhe foi destinado? Esqueceu os planos que fizeram na vida espiritual, antes de aqui renascer?

Reencarnar...
Esquecer...
Escrever de novo a vida...

Esmeralda estava confusa. Não se lembrava de plano algum. E achava muito estranho o que o Espírito lhe falava.

"Nada sei do que me dizes. Eu o quê? Não me lembro..."

É normal o esquecimento. Mas force a memória espiritual e se lembrará.

Enquanto conversavam, o Espírito mantinha suas mãos estendidas sobre a cabeça da jovem.

"Do que estás a falar? Quem és?"

Sou seu amigo de longa data. Você me tem dado certo trabalho. Ainda não conseguiu se libertar do seu mais grave defeito. É pena...

"Defeito? Do que me acusas?"

Ah, menina! Quando vai crescer realmente?

Esmeralda se impacientava. Incomodava-a o não poder se mexer.

"Santa Maria! Por que não posso me mover?"

Imobilizei-a para você não fugir como da outra vez que eu quis ajudá-la. Naquela ocasião, você era ainda mais teimosa...

Aconteceu não faz muito tempo. Mas depois, eu mesmo me encarreguei de apagar suas lembranças. Nós, os anjos guardiães, não podemos fazer nada que venha a prejudicar nossos tutelados. E olha que você não é fácil, não!

"Começo a gostar de nossa conversa. Podes me libertar que não vou sair a correr por aí. Prometo."

Prefiro não correr o risco. Da última vez, faz tempo isso, você quase foi atropelada por uma carruagem. Parecia uma demente a correr pelas ruas de Coimbra – disse a aparição, com um sorriso.

Espíritos protetores não são necessariamente avessos aos divertimentos saudáveis, aos risos, ao bom humor. Também não estão tão distantes de nós em conhecimentos e evolução, pois do contrário não haveria sintonia. Todos são muito bem-humorados, pois nada lhes tira a fé. Sabem, de antemão, o quanto nós, os encarnados, somos exagerados. O que para nós é um problemão, para eles não representa nada. E eles sabem que rir de vez em quando é muito saudável até para anjos.

Esmeralda lhe perguntou se ele era mesmo o seu anjo da guarda. Com o sorriso ainda nos lábios, ele confirmou.

"Então, se és o meu anjo da guarda, por que deixaste que Bráulio me enganasse?"

E você foi enganada? Ora, ora, eu não sei de nada.

"Então, não és anjo coisa nenhuma! Anjo sabe de tudo."

Aí é que você se engana. Nem todo Espírito sabe de tudo. Há Espíritos que sabem menos do que você. Claro que não estão nas classes superiores...

Esmeralda arregalou os olhos:

"Por falar nisso... humm..."

O que foi agora?

"O padre Antonio diz que... Meu Deus! Tu és mesmo Espírito?"

Claro que sou! Em carne e osso. Ops... Em corpo espiritual e Espírito.

"Então... Estou perdida!"

Ora essa, não está, não! Está aqui no seu quarto – gracejou a criatura etérea.

"É pecado conversar com Espíritos. O padre vai me dar uma penitência daquelas! Ai, mãe santíssima!"

Ora essa! Então, não lhe fale sobre nossa conversa.

"Estás me induzindo a mentir! A mentira é um pecado... Então, deves mesmo ser o capeta! O padre disse que o demo pode nos aparecer de muitas formas. Até como anjo."

Ah, ah, ah... Desculpe-me! Você é hilária! Mas sossegue! Não estou mandando você mentir. Só ficar de boca calada. Também não sou o demo e nem estou tentando você. Para que eu haveria de querer uma alma tão... tão...

"Tão... o quê?"

Tão jovem ainda.

E Esmeralda, agora, agitava-se, tentando sair dali e fugir. O Espírito lhe estendeu as mãos novamente, e ela se aquietou.

Está vendo como fiz bem em não libertar você? A estas horas você já estaria lá na cidade de Lourdes, na França. E carruagens é que não faltam por lá...

"Não tem graça. És Lúcifer? Até onde sei, Lúcifer era também um anjo. Um anjo que ficou com inveja de Deus e fundou seu próprio império."

Eeee. Alto lá! Será que anjo pode ter inveja?!

"Acho que pode."

Não. Não pode. Senão não seria anjo. O anjo já percorreu inúmeras escalas na evolução e já se libertou de praticamente todo mal. Alguns, como eu, ainda não perderam o senso de humor. Como bem pode ver, ainda não pertenço a tal categoria. Sou, digamos... um pré-anjo.

"Nunca soube da existência de pré-anjos. Mas tu estás com Deus? Se és um anjo..."

Pré-anjo, Esmeralda, pré-anjo – disse, ainda rindo. – *Vocês aqui da Terra é que chamam a classe dos protetores espirituais de anjo. Na verdade, somos também Espíritos... digamos... um pouco melhores do que vocês, mas não perfeitos ainda. Estamos aqui tentando fazer algo de útil, embora saibamos que a decisão final é da alçada de vocês. Para não nos culparem depois. Entende?*

"Não estou a entender muito bem."

Olha, Esmeralda... estou aqui para botar um pouco de juízo na sua cabeça e ajudá-la a livrar-se de um defeito que não desgruda de você.

"Que defeito? Todos me adoram. Por onde passo, todos se viram para me admirar."

Você é demasiadamente egotista.

"Egotista? Eu?"

Sim. Você cultiva o próprio ego. Deve ser a reencarnação de Narciso.

"Não sou, não! Os outros que..."

De repente, o protetor ficou muito sério:

Esmeralda... você precisa ser menos orgulhosa de seus dotes físicos. Precisa entender que a beleza puramente física é transitória e fugaz. Muitas vezes, é empecilho à evolução. Você precisa aprender a cultivar a beleza espiritual, que é perene, que nos engrandece. Não há erro em ser bela; o erro está em usar tal beleza para escravizar corações. Vejo-a a rodopiar pelos salões como uma doidivanas, preocupada apenas em conquistar os rapazes aluados que a cercam. Gosta de Bráulio, mas não tira a esperança de Martim e Afonso. Quer tê-los sempre à mão, não é?

Esmeralda quis argumentar, mas se calou. Reconheceu que o Espírito tinha razão. Mas em sã consciência, soube que não abriria mão de sua beleza para encantar as pessoas.

O tempo.

O tempo a tudo transforma.

Aguardemos o renascimento consciente de Esmeralda.

Depois de algum tempo, o Espírito guardião voltou a falar:

Você não ama Bráulio. Aprecia a condição social dele. Esse amor é apenas mais um capricho seu. Enleou-o como aos outros, mas não o ama.

"Claro que o amo! Mas o desgraçado..."

Nunca julgue ninguém. Você está revoltada por algo que nem sabe se é verdade.

"Mas Afonso me dará provas."

Minha menina, tola! Não vá ao jardim conforme combinou. Não dê crédito às intrigas de Afonso.

Assim falando, o protetor foi se afastando.

"Oi, volta aqui! Vais me deixar assim, inválida? Não posso me mexer! Valha-me, Nossa Senhora. Volta... Anjooo... Pré-anjoooo!"

O protetor espiritual riu novamente. Voltou alguns passos:

Acalme-se. Quando estiver bem mais calma, libertá-la-ei. Não quero correr o risco de ter de tirar você debaixo de alguma carruagem.

Alguns segundos se passaram, e Esmeralda caiu em um sono profundo. Quando acordou, ficou a cismar se aquilo tudo aconteceu realmente ou se fora sonho. Mas estava serena. "Que anjo mais estranho..."

Capítulo 5

Lavoura de espinhos

Tudo me é permitido, mas nem tudo me convém.
(Paulo de Tarso)

Bráulio estranhou a atitude fria de Esmeralda. De sempre impetuosa, naquele dia estava distante. Respondia por monossílabos e se irritava com facilidade. É que na tarde seguinte, conforme afirmação de Afonso, ela veria com os próprios olhos a traição dele.

– Que tens, Esmeralda? Estás agastada comigo? Que te fiz eu?

– Não é nada. Estou indisposta – e para sondar o namorado, perguntou-lhe:

– Tu continuas a ter bom relacionamento com o rei?

– Claro! Por quê?

– Ele te trata como a um filho...

– É verdade, no entanto, nada fiz para merecer tal deferência.

– Tu conheces alguém de nome Maria Leocádia?

Bráulio franziu a testa, dando a entender que forçava a memória.

– Maria Leocádia... Ah, sim. Claro. Parece que é muito bem relacionada com a família real. Veio há pouco tempo da Espanha. Fui apresentado a ela faz algumas semanas. Por quê?

Esmeralda mal podia se conter. Mas não! Se dissesse alguma coisa que demonstrasse desconfiança, poria tudo a perder. Dissimulada, disse que era apenas curiosidade, pois uma amiga havia lhe falado dessa moça espanhola. E desconversou, aparentando tranquilidade. "Amanhã, Bráulio, vamos ver se tu falas a verdade."

O dia esperado chegou. Afonso já tinha tudo preparado. Logo pela manhã, foi visitar Bráulio. Aparentando nervosismo, foi logo falando ao amigo:

– Bráulio, tu sabes que não gosto de me meter na vida dos outros, pois não?

– Claro, meu amigo! Tens algo para relatar-me e estás apreensivo? Vamos, fala que sou todo ouvidos.

– Bem... é que...

– ... é que... O quê?

– É um assunto delicado, mas és meu amigo e vou te contar.

Bráulio começou a preocupar-se de fato.

– Desembucha de uma vez, ó gajo! Mais pareces uma comadre amedrontada!

– É sobre Esmeralda. Sei que pretendem se casar...

Bráulio mostrou surpresa:

– Claro. Mas do que se trata? Que tem a Esmeralda?

– Ela não te é fiel.

– Olha aqui! Posso te matar por isso!

– Então, não mereces que eu te conte o que descobri.

Afonso começou a tremer. Percebeu que havia ido longe demais! Mas já começara. "Agora é tarde para arrependimentos" – pensou. – E continuou:

– É o que te digo. Ela te é infiel. Desonesta. Não serve para casamento... Não contigo, meu amigo.

O coração de Bráulio batucou no peito e só a muito custo ele se conteve. Não sabia se esmurrava o amigo (amigo?) ou se lhe agradecia. Foi aí que experimentou o ódio queimando-lhe o coração. Foi a partir daí que deu margens à entrada de muitas desgraças em sua vida presente e futura. Foi a partir daí que perdeu a grande oportunidade reencarnatória.

– Isso é muito grave! Levantas uma calúnia contra a honra de uma moça honesta... – disse, com tremor na voz e fel na alma.

– Honesta? Eu posso te provar, Bráulio. Isto é... se não estás enfeitiçado a tal ponto de não querer ver a verdade. É uma questão de honra, mas se não a tens... esquece. Casa-te. Mas depois, não digas que não avisei.

– Como podes me provar? – disse, trêmulo de indignação.

– Ainda hoje, se quiseres.

– Tudo bem. Então, prova. Já te adianto que, se não provares, te mandarei para o inferno!

– Fiquei sabendo que hoje se encontrarão no jardim que fica perto da casa dela. Tu sabes onde é, pois já estiveste lá várias vezes com ela. O encontro está marcado para daqui a duas horas. Queres ir?

– Claro. Quero tirar tudo a limpo. Se for verdade...

– Não poderei te acompanhar. Tenho um compromisso.

– Sei andar sozinho, não te preocupes.

Afonso se despediu. Estava mais calmo. "Meu plano tem de dar certo. Esses dois não se casarão, juro por minha honra!"

Maria Leocádia abriu o grande portão quase encoberto por uma trepadeira em flor.

– A senhora é dona Leocádia?

– Sim, pois não? Em que posso servir-te?

O garoto nada disse. Entregou-lhe um bilhete.

– Menino... Estás a serviço de quem?

– Pediram-me para entregar à senhora esta correspondência, mas não me disseram o nome.

Leocádia estranhou. Desdobrou o bilhete enquanto o menino se afastava.

Não longe dali, dois olhos observavam.

Cara senhorinha Maria Leocádia.

Estou preso no meu amor por vós. Sofro como um cão danado. Desde que vos vi no palácio, que minha alma vos busca a todo instante. Amo-vos. Quero vos falar ainda que por um segundo antes de dar cabo de minha inútil vida, pois sem vossa presença, a vida se me tornou insuportável. Ide, ainda hoje, daqui a meia hora, no jardim da praça central, onde vos aguardarei com impaciência. Caso não possais ir, morrerei entristecido. Por amor a Jesus, não me desaponteis. Até breve.

Um apaixonado.

A moça ficou surpresa. Jamais lhe acontecera algo igual. No íntimo, ficou lisonjeada por ter despertado um amor tão arrebatador em alguém. Algum tempo de indecisão e entrou em casa. Arrumou-se às pressas e saiu a passos largos. Queria desvendar aquele mistério; salvar uma vida e contar às amigas aquela novidade. Já antevia a inveja nos olhos delas.

Nesse ínterim, Bráulio pensava sobre o melhor a fazer. Nem por um momento supôs que aquilo tudo pudesse ser uma armação do falso amigo:

"Se Esmeralda estiver me traindo... não merecerá viver..." – pensava, com grande desconforto moral.

Esmeralda também estava nervosa. Nenhum minuto de sossego desde que soubera da suposta traição do namorado. Odiou com todas as suas forças a jovem Maria Leocádia, atribuindo a ela todo seu sofrimento. "Se for mesmo verdade, essa talzinha não perde por esperar." – E lançava de si pensamentos de ódio na forma de raios nebulosos. Espíritos vadios, que por ali passavam, eram atraídos pelo processo já conhecido da sintonia e se colavam a ela incentivando-a à vingança.

Com Bráulio, também acontecia a mesma coisa. Desde que dera guarida à calúnia do falso amigo, que se aliara ao poder das trevas, uma verdadeira nuvem de mentes enfermiças o rodeou. O seu guia espiritual tudo fazia para dissuadi-lo, porém, todas as tentativas resultaram inúteis pela prevalência do mal. Somos livres para escolher e chorosos na hora de receber o retorno negativo. Reivindicamos direitos e esquecemos deveres. E assim vai a humanidade acumulando dores.

Maria Leocádia chegou rápido ao jardim. Sentou-se, abrindo uma sombrinha que, além de protegê-la do Sol, resguardava sua imagem de olhos indiscretos. Olhava disfarçadamente para todo homem que se aproximava ou que passava nas ruas próximas.

Esmeralda também chegou bem antes da hora,

pois morava perto do lugar combinado. Lá chegando, encontrou Afonso.

– Então, Afonso. Onde está a tal prova?

– Vês a moça ali naquele banco?

– Sim. Está com a sombrinha aberta, e não posso ver seu rosto. É a Maria Leocádia? Vamo-nos aproximar mais.

– Não. Ela pode perceber e ir embora. Não esqueças de que ela te conhece. Se nos vir, não poderei te provar nada. Sossega!

– É verdade. Eu não a conheço, mas ela, com certeza, já me viu junto ao Bráulio. Miserável "rouba-namorados"!

Natureza humana.
Incoerente.
Onde foste buscar tanta malícia?

– Bráulio está vindo aí para se encontrar com ela. Tu verás com teus próprios olhos. Daqui a pouco. Mas estás a tremer! Acalma-te, rapariga.

Com frieza estudada durante todo aquele dia:

– Esmeralda... não olhes agora. Se ele nos vir, vai mudar os planos.

– Ele... ele... Bráulio está vindo para cá?

– Ele está se encaminhando para ela. Não olhes, senão botarás tudo a perder. Vamos esperar que se beijem para nos aproximarmos. Xiiii...

– O que foi? Posso olhar agora?

– Não. Ele está vindo em nossa direção. Vamos fazer de conta que somos namorados. Ele passará sem nos perturbar... pode até desviar-se... então... quando localizar Maria Leocádia, nós entraremos em ação e os desmascararemos.

Os Espíritos trevosos trataram de confundir a mente de Esmeralda, pois ela estava completamente passiva a eles.

Afonso abraçou Esmeralda. Beijava-a com furor quando Bráulio apareceu. Um raio não teria feito maior estrago:

– O que se passa aqui?! Esmeralda! Afonso?!

A moça levou um choque e se desprendeu de Afonso.

– Sua sem-vergonha! Reles meretriz! E tu, Afonso? Agora compreendo. É contigo que ela me trai, não é? Miserável!

Então, tirou um punhal do bolso e avançou sobre Afonso. Uma, duas, três punhaladas.

Esmeralda desmaiou. Gente foi chegando, e

Bráulio fugiu. Sequer percebeu Maria Leocádia sentada alguns metros à frente.

Alguns meses na cadeia e, por interferência do rei, foi logo libertado. Casou-se com Maria Leocádia, que não o havia visto no jardim e que correu tão logo o tumulto começou. Não esperou pelo suposto apaixonado secreto. Chegou à conclusão de que fora vítima de uma brincadeira de mau gosto.

Bráulio teve uma vida de luxo, mas jamais esqueceu Esmeralda. Arrependeu-se de ter se tornado um assassino. Jamais o abandonou a imagem de Afonso caído aos seus pés... O sangue a tingir a grama... Os gritos dos transeuntes... Afastou-se também de Martim, pois ele lhe trazia a lembrança de Afonso.

Somente muito e muito tempo depois voltou a ver Esmeralda. Em um hospital público, ela vivia seus últimos dias. Não mais pôde se reequilibrar do trauma sofrido e aprendeu alguma coisa para benefício do Espírito.

No dia de sua desencarnação, mandou chamar Bráulio. Apesar da doença depressiva que minava suas forças, continuava bonita, mas de uma beleza mais cândida, o que impressionou Bráulio e reavivou o amor que estava apenas encoberto por uma camada de tristeza e revolta.

– Bráulio... desculpa-me...

– Já te desculpei. Estás doente, e não devo piorar teu estado. Só não entendo como pudeste agir daquela maneira tão leviana no passado... Poderíamos ter sido felizes... Atraiçoaste-me, Esmeralda.

– Aí é que está o grande equívoco.

Esmeralda falava calmamente. Nada mais queria da vida senão morrer em paz. Depois de algum tempo, pensando melhor, compreendeu que foram vítimas de Afonso e o odiou por isso.

Bráulio tinha lágrimas nos olhos. Segurou e beijou as mãos brancas daquela que jamais esquecera.

– De que equívoco estás a falar?

– Foi uma pena teres matado Afonso naquele dia infausto. Ele teria de confessar que tudo fora uma armadilha dele para nos separar. Ele me amava... o infeliz caluniador.

Bráulio franziu a sobrancelha. Por alguns segundos, julgou que ela enlouquecera.

– Como assim? O que me dizes?

– Nunca fomos namorados ou amantes. Eu sempre te fui fiel. Infelizmente, rasguei o bilhete de Afonso tão logo o recebi... senão tu poderias lê-lo agora.

Esmeralda contou como Afonso trapaceara com ela e com ele, fazendo-os crer que um traía o outro. Fora o próprio Espírito Afonso que, amargurado nas trevas, contou tudo por meio de uma médium conhecida da mãe dela. Foram tantas as provas, que não houve como não acreditar. A própria Esmeralda já vira Afonso gemendo com as perfurações das facadas e pedindo-lhe perdão. O sangue escorria sem cessar, e os gemidos dele causavam piedade.

– Que plano diabólico!

– No qual caímos feito otários...

– Como a precipitação nos põe a perder! Se eu esperasse mais um pouco... Se tivesse tido mais um pouco de paciência...

– Se esperasses mais um pouco, tudo seria esclarecido, inclusive falarias com Maria Leocádia, que também recebera um bilhete semelhante ao meu, convidando-a para estar ali, naquele jardim. Também... em má hora fui desmaiar. Quando voltei a mim, tudo estava consumado. Afonso morto. A polícia interrogando-me. Tua fuga...

– Perdoa-me, Esmeralda. Por Deus, perdoa-me. Mas como sabes que Leocádia também recebeu um bilhete?

– Logo depois da tragédia, encontrei o garoto que me entregara o bilhete. Ele veio falar comigo e confessou que sentia remorsos. Contou-me que entregara um bilhete do mesmo homem para Maria Leocádia. Era um rapazinho inteligente e deve ter deduzido que tudo fora planejado por Afonso.

– Perdoa-me, Esmeralda. Enlouqueço de dor!

– Não sei se posso te perdoar... Ainda estou ferida de morte. É por isso que vou morrer! A vida para mim se acabou naquela tarde.

– Não! Não digas isso, pois mais afundas a faca na ferida.

Lágrimas desciam pelo rosto dele.

– Já não quero viver, Bráulio. Para quê? Para ver-te feliz ao lado de Maria Leocádia? Todas as noites fico a imaginar ela e tu se amando. Sofro. Sofro. Cada beijo, que sei, tu trocas com ela, queima minha boca, e minha alma estertora. Vou enlouquecendo sem querer a sanidade, pois ela me traz as lembranças que quero esquecer.

– Esmeralda... Levanta deste leito! Ainda podemos ser felizes.

– Não, Bráulio. Tudo é passado. Quis te ver apenas para contar-te como tudo aconteceu. Quando ainda tinha esperanças, quis falar-te muitas vezes, mas tu nunca quiseste me ouvir. Ainda tenho guardado teu último bilhete.

A moribunda tirou debaixo do travesseiro um papel já amarelecido:

– Vejas. Lê. Depois disso, achas que teria coragem para querer te mostrar a verdade? O pior para mim foi nunca ter tido a oportunidade de falar-te e esclarecer.

Mãos trêmulas, Bráulio desdobrou o bilhete escrito por ele há muitos anos:

> Para a prostituta Esmeralda.
>
> Não estou precisando dos teus serviços. Vou me casar com uma donzela boa e pura. Não me procures mais se não quiseres que cousa pior te aconteça.
>
> Bráulio.

– Meu Deus! Como fui cruel! Podes me perdoar?

– Bráulio, se disser que te perdoo, não estarei sendo sincera. Quem sabe, algum dia...

– Esmeralda, não morras! Não sejas tão cruel comigo!

– Sabes que Afonso está aqui?

– Deliras, minha querida! Ele não pode estar aqui... eu o matei, lembras?

– Também assim pensei. Mas ele tem me dito que mataste apenas o corpo; que o Espírito está ainda mais livre agora. Diz que agora tu não poderás nos separar. Mas eu fujo dele. Tenho medo... muito medo e ódio no coração.

– Estás confusa, Esmeralda. Isso não pode ser!

– Não estou confusa. Ele está aqui. Mas não vou com ele. Eu o odeio pelo que ele nos fez, embora diga que se arrependeu; que sofre; que a ferida no peito nunca se fecha...

– Perdoa-me... perdoa-me, querida! Como sou infeliz!

Todos os personagens desse drama ficaram ligados pelo amor e pelo ódio.

A vida não tem pressa.
A vida espera.
A vida desentorta caracteres.

– Esmeralda... Enlouqueço! Preciso do teu perdão.

– Meu perdão... Não sou Deus para te perdoar, Bráulio.

– És cruel. Não vês meu sofrimento?

Esmeralda não respondeu. Já não pertencia mais ao mundo dos encarnados.

Capítulo 6

Luz e treva

"Irmãos, se algum homem chegar a ser surpreendido nalguma ofensa, vós, que sois espirituais, orientai--o com espírito de mansidão, velando por vós mesmos para que não sejais igualmente tentados" (Paulo–Gálatas, 6:1.)

Santiago e sua tropa ainda estavam no encosto perto do rio. O quase afogamento do filho, a estranha aparição do cavalo, uma briga com Tomaz, renderam um bom atraso na viagem. Agora já não podiam partir, pois a trilha era muito ruim e poderiam surgir mais surpresas no caminho.

As mulas foram desmontadas. Mandava a prudência que eles ficassem arranchados por ali mesmo. Era uma "sexta-feira treze", e todos eram supersticiosos. Muitos diziam já ter visto a mula sem cabeça rondando por ali, esperando uma oportunidade. Tião Matuto afirmava que tinha ouvido o assobio do saci-pererê na noite anterior. E todos tinham uma história de assombração para contar.

Depois do quase afogamento de Ângelo, Santiago ficou cismarento. Percebera de forma nebulosa a presença de Espíritos maldosos. Vezes sem conta, retirara o bentinho de dentro da camisa e o beijara. Era um tanto supersticioso, e Ângelo o observava. Não sabia ao certo se o pai o amava ou o odiava, pois já havia dado provas de ambos.

– Ângelo – chamou Santiago.

Envolto em seus pensamentos, o menino não respondeu. Santiago se aproximou. Estava calmo até então, mas ao aproximar-se do filho, o obsessor lhe disse em alto e bom som:

Isso!! Vai mimando o infeliz que desgraçou sua vida. Já esqueceu?

Santiago assimilou cada palavra ouvida. O obsessor tinha total ascendência sobre ele e o manipulava ao seu bel-prazer em vista da passividade e sintonia encontradas. Só não chegava às últimas consequências porque Ederaldo estava sempre por perto. Não que fizesse a parte de Santiago, que era lutar para não ser tão dócil às influências das trevas, mas porque tinha mais autoridade moral do que o obsessor. A luz sempre espanta a treva. Eis mais uma razão para cultivá-la.

Ângelo percebeu o "enlaçamento" do Espírito ao pai.

– Oiça cá, ô *muleque*! O que estás a fazer aí? – e, ato contínuo, puxou-lhe as orelhas com tal violência, que o menino gritou de dor.

– Pai! Estás louco! Não fiz nada!

– Exatamente por isso, *muleque* inútil!

Tomaz, que estava passando, viu a cena. Revoltou-se:

– Ora, pois, Santiago! Por que não fazes isso com alguém do teu tamanho?

Não vai dar nenhuma resposta a este insolente filho do cão? – disse o obsessor.

Santiago sentiu as faces em fogo. Arremeteu contra Tomaz que, pego de surpresa, foi ao chão. Caiu e se levantou num átimo. Como um felino, pulou sobre Santiago e lhe agarrou a garganta que ia apertando... apertando...

Então, o obsessor se uniu a ele e lhe deu mais forças. Napoleão e Josefina latiam, alvoroçados. Um bando de gralhas em uma árvore se assanhou. E os dois brigões rolaram para debaixo das mulas.

Este também tem de morrer se você realmente quer Maria Pia. Ele está no seu caminho e ocupa uma situação privilegiada no coração dela. Vamos! Aproveite! A faca... a faca... Todos dirão que foi em legítima defesa.

Santiago não se separava de sua faca e, quando ia pegá-la na guaiaca, Ângelo chegou primeiro. A mão buscou a arma, mas não a encontrou.

"Onde foi parar a maldita faca?" – pensou.

A luta ferrenha despertou a atenção dos outros tropeiros, que vieram separar os brigões. Somente Tião, o bobo, aplaudia e fazia apostas.

Ângelo sentiu pelo pai um ódio nunca dantes sentido. Mas foi apenas por um momento, pois Ederaldo se aproximou e o lembrou da condição de filho e devedor de Santiago. Falou-lhe do ocorrido no século XVI, quando ele se chamava Afonso, e da traição que fizera a Santiago, então Bráulio; e à Maria Pia, então, Esmeralda.

Ângelo não se lembrou, evidentemente, de todo o acontecido, mas na intimidade da alma se sentiu culpado pelo que ora lhe sucedia. Todo ódio que sentiu do pai pelo puxão de orelha imerecido, desapareceu. O amor ainda não aflorara, mas a compreensão aliviou sua alma.

Finalmente, a turma do "deixa disso" venceu. Cada um dos contendores se retirou para seu canto. Estavam cansados, odientos, cheios de grama e poeira.

O cair da noite tirava de suas tocas as mais incríveis criaturas. Olhos assustadiços se aproximavam em busca de restos de comida ou atraídos pelo fogo, mas, desconfiados, logo voltavam à proteção da mata.

Ângelo pensou na diversidade da vida. Nada sabia sobre o enigma da criação, sobre o destino do ser humano, sobre a justiça de Deus. Olhou o céu que, àquele momento, começava a enegrecer-se. Algumas estrelas mais apressadas piscavam, ainda tímidas, como a esperar pelas retardatárias. E sua alma era um repositório de dúvidas e questionamentos. De repente, sua alma como que se evolou. Sentiu-se arrebatado e se viu entre estranhas criaturas sentadas em círculo sobre tufos que pareciam feitos de neve. Ouvia o que diziam sem, contudo, poder falar. Não sabia se estava sendo visto e nem se aqueles seres falavam para ele. O que parecia o líder, levantou-se:

"Bem sabemos que nossos irmãos em luta na Terra estão ainda 'verdes' para receber mais verdades. Infelizmente, as religiões vêm, com suas falsas interpretações, anestesiando os Espíritos incipientes. Acomodam-se, então, tais infelizes, fazendo promessas para comprarem o céu, sempre com menor esforço, negociando com Deus e esquecidos de que Ele não necessita de nada, pois que já é dono de tudo. Indolentes, esperam que o paraíso lhes venha sem suor e trabalho. Na verdade, são crianças que estão sendo enganadas e que, futuramente, quando chegar a hora da verdade, revoltar-se-ão, exigindo o paraíso que lhes foi prometido em troca de dízimos e favores. Não encontrando nada senão as consequências de suas próprias mazelas, voltar-se-ão contra o Criador, tendendo-se a formar um exército de malfeitores. Outros permanecerão dormindo em Espírito, pois desencarnaram com a ideia fixa da espera pelo julgamento final, conforme lhes garantiu a religião abraçada e que aceitaram como um prato feito, sem questionamentos, sem consultar o bom senso. Acomodaram-se na 'verdade' que lhes foi despejada goela abaixo, e não buscaram a sua por meio do raciocínio, da lógica dos estudos transcendentais. Nada é para sempre e, quando despertam, verificam que não há sono de espera pelo julgamento final, nem céu, nem inferno. Então, muitos se tornam materialistas contumazes e se colocam acima do bem e do mal, ignorando que um Pai Maior os ama e espera por eles."

Outro, tomando a palavra, disse, pausadamente, como que para não ser esquecido:

"Todavia, temos o nosso calendário cósmico. Jesus vem se preparando junto a uma plêiade de colaboradores para cumprir sua promessa, ou seja, a vinda de um consolador. Esse consolador será poderosa alavanca para os que 'têm olhos de ver e ouvidos de ouvir'. Depois dele, ninguém poderá alegar ignorância, pois o véu será levantado. Não mais parábolas ou simbologia, mas o contato direto com os que já habitam o mundo dos Espíritos."

Outro ainda completou:

"A luz se fará. Conhecerão a justiça perfeita e inexorável do Pai criador. Nenhuma religião do povo jamais mostrará o outro lado da vida com tanta riqueza de detalhes. A verdade tem sido privilégio de grupos fechados que, nas suas confrarias, usam o conhecimento para escravizar seu semelhante. O Cristianismo redentor foi transformado por interesses escusos em prol da dominação humana, em chicote para as almas oprimidas. Tal deturpação vem acontecendo ao longo dos milênios. Tenham, pois, um pouco mais de paciência, que Jesus, nosso governador espiritual, não nos esqueceu... Ainda se me ecoa nas lembranças: *Vou para o Pai, mas não vos esquecerei. Mandar-vos-ei um Consolador que ficará para sempre entre vós"* – disse o divino amigo.

Cada uma daquelas criaturas falou da próxima revelação, que deveria dar-se em breve. Ângelo se quedava mudo e paralisado. Quando "voltou a si", estava tranquilo e em paz:

"De que revelação, eles estariam falando?"

Capítulo 7

Lobisomem?

"O Espírito só pode adequar-se perispiritualmente aos moldes que digam com suas vivências pretéritas e atuais, ou seja, com sua realidade íntima". (Zalmino Zimmermann)

Era de causar medo. A estranha criatura caminhava pesadamente, amassando o mato. As orelhas pontiagudas se mantinham em pé como em estado de constante alerta. Tinha o corpo coberto de grossos pelos e sua roupa (roupa?) caía em farrapos. A sola dos pés parecia uma camada de concreto que ia sulcando o solo, e os espinhos se quebravam sem conseguir feri-la. O olhar era fero.

Um bicho?
Um homem?
Um lobisomem?

Ângelo ia falar, mas Santiago pôs os dedos sobre

os lábios, pedindo silêncio. O barulho de folhas secas pisadas e um som estranho de alguém resfolegando chegavam até eles.

– Estás ouvindo também, pai? – perguntou baixinho.

– Estou.

– O que é isso?

– Não sei. Fica quieto.

Outros tropeiros chegaram. Também estavam ouvindo. Napoleão e Josefina aguçavam os ouvidos e ganiam baixinho. As mulas, normalmente calmas, davam mostra de impaciência. Os bois levantavam a cabeça, pressentindo alguma coisa inusitada.

– Que diabo de barulho é esse? Parece que está vindo em nossa direção! – falou um dos homens.

– Deve ser algum bicho muito grande se aproximando – afirmou Ângelo.

– Vou pegar cá o facão. Ângelo, arranja também um porrete. Nunca se sabe...

Em um minuto, o facão foi desembainhado, e o porrete fortemente segurado por Ângelo. Os demais também se armaram com o que tinham às mãos.

– Bicho ou bandido vai ter de se explicar – disse Santiago.

Numa clareira, "a coisa" parou. O rancho estava alumiado por uma fogueira, mas a luz era insuficiente para identificar o caminhante.

Napoleão e Josefina latiam furiosamente, mas não se afastavam dos homens.

A estranha criatura foi se chegando ao grupo. Santiago levantou o facão, mas o homem ou qualquer coisa que fosse, não se perturbou. Agachou-se rente ao fogo e falou:

– Não se assustem; só estou de passagem. Tem alguma comida para matar minha fome?

Todos respiraram aliviados. Afinal, não era nenhum bicho, embora parecesse um lobisomem. Santiago embainhou o facão, e Ângelo jogou o porrete no fogo, penalizado por aquela criatura. Tião Matuto começou a rir e a apontar a triste figura.

– Cala-te, Tião! – e se dirigiu ao visitante: – Fica em paz, amigo. Vamos ver alguma coisa para matares tua fome.

Ângelo foi buscar um pouco de carne de caça assada, farinha de mandioca e um pedaço de pão duro. Serviu-lhe também um copo de água. Enquanto devorava tudo apressadamente, o homem disse:

– Dizem por aí que sou lobisomem. Se sou, não

sei, embora eu mesmo me assuste com minha cara de bicho... Só sei que fui um dia amaldiçoado...

– Amaldiçoado por quem? E por quê? – perguntou Santiago, já com muita pena do faminto.

– Isso não sei, não, senhor. Mas aqui dentro – apontou com os dedos cabeludos para a cabeça –, eu sei que sou mais bicho do que gente!

Tião Matuto novamente começou a rir. Incomodada, a criatura engoliu tudo às pressas e saiu correndo mata adentro. Só então Napoleão e Josefina correram atrás dele, mas quando ele parou e os ameaçou com um pau, ambos voltaram ao rancho. Os tropeiros confabulavam:

– Mas, que criatura era aquela?

– Sei lá.

– Era um lobisomem?

– Se nem ele mesmo sabia... Mas eu acho que era – respondeu o interpelado.

– Ora, isso não pode ser! É lenda. Todo mundo sabe disso.

– Qual lenda qual nada, Santiago! Lobisomem existe. Acabamos de ver um – retrucou outro homem, no mesmo instante em que se benzia.

Ângelo e Tomaz estavam quietos e ainda espantados.

– Ângelo, que achas? Acreditas mesmo que aquilo é lobisomem?

– Não sei, pai. Parece que sim.

– Mas... os lobisomens... dizem... são homens que se transformam – disse Santiago.

– Por qual motivo? – perguntou Ângelo.

– Até onde sei... parece que é uma maldição que acontece em noite de lua cheia.

– Mas hoje não tem lua cheia.

Enquanto pai e filho trocavam ideias, os demais falavam alto e gesticulavam, querendo cada qual impor seus pontos de vista. Lembravam-se de histórias, as mais absurdas, e juravam que tudo era verdade.

O guia espiritual que protegia pai e filho, o Espírito Ederaldo, aproximou-se de Ângelo e lhe sussurrou:

Este que aqui esteve não é lobisomem, pois lobisomem é uma lenda! Sofre de uma doença chamada hipertricose lanuginosa congênita. É um pobre irmão muito devedor no banco da vida. Reencarnou sem conseguir esquecer a deformação que os "justiceiros do Além"[9] *lhe impuseram quando de seu desenlace do corpo físico, na sua existência anterior.*

---

[9] Espíritos desencarnados, desenvolvidos intelectualmente, mas de moral baixíssima, que se fazem de juízes e transformam, por meio de sugestões ou hipnose, o corpo perispiritual de outros Espíritos devedores perante a Lei Divina.

Porque trouxesse a consciência culpada, não conseguiu se libertar da hipnose imposta e plasmou, no novo corpo, o aspecto de lobisomem. Não consegue viver em sociedade e prefere a morada dos bichos, onde ele se sente um igual. É um infeliz que resgata dolorosamente seus escabrosos crimes do passado, mas ninguém tem o direito de se fazer juiz.

Vemos hoje que a Ciência diagnostica as doenças, desenvolve medicamentos, vacinas, mas está longe de saber por que elas ocorrem em determinadas pessoas, e não em outras. Só o Espiritismo, estudando a transcendência da alma, a lei de ação e reação, explica a contento. Mas, naquele momento, ainda não contavam com os esclarecimentos espíritas.

Ângelo não conseguiu entender muito bem o que lhe era transmitido, pois nada sabia sobre reencarnação e carma, porém, ficou tranquilo; sabia que à noite, quando mais livre das amarras físicas, haveria de encontrar-se com Ederaldo e expor suas dúvidas. Mesmo assim, falou aos tropeiros:

– O que vimos não era lobisomem, mas um homem que sofre de uma doença... não sei bem... é um nome complicado...

Todos, curiosos, olharam o garoto:

– Ora, ora, quem te disse isso? Pelo que sei, tu és completamente tapado em Ciência. E não venhas dar uma de sabido! Tu estavas tão assustado quanto nós – disse-lhe Tomaz.

– Só em Ciências ele é tapado? Esse aí é tapado em tudo – acrescentou outro.

Todos riram. Santiago olhou desconfiado para o filho.

– Estás a inventar coisas, Ângelo? Como se já não bastasse...

Parou no meio da frase, mas todos entenderam. Ângelo sentiu a picada peçonhenta do sarcasmo.

Ederaldo o envolveu e lhe transmitiu serenidade. "Até Cristo foi alvo do sarcasmo, meu filho."

Capítulo 8

O guardião do tesouro

Onde estiver seu tesouro, aí estará seu coração. (Jesus)

A tropa adentrava agora um trecho tido por assombrado. Várias histórias se contavam desse lugar. Histórias de almas penadas que gemiam à noite e espantavam as mulas durante o dia, fazendo com que elas caíssem e se despencasse a carga. Salvo os exageros normais, o trecho era mesmo singular. Muitos tropeiros evitavam passar por ali durante a noite.

Ângelo, ao chegar perto de uma espécie de monumento de pedra, sentiu arrepios e se persignou. Em seguida, o ataque epiléptico não se fez esperar.

Santiago o socorreu prestativo e amoroso. Alma dual. Às vezes bom, às vezes mau. Tomaz correu e foi buscar água. Napoleão e Josefina se afastaram amedrontados.

– Santiago, você não deve trazer mais este menino com a tropa. Não vê que ele precisa de tratamento médico? Não tem parentes em Portugal que possam cuidar dele?

– Isso não é de tua conta, Tomaz. Meu filho é responsabilidade minha e vai comigo aonde eu for. Manda nos teus *muleques* quando tiveres, ora pois.

– Não falei por mal. Não achas que deves colocá-lo em uma escola? Está com quase doze anos!

– Não há escolas por aqui, e eu também tenho de ganhar a vida. Vou deixá-lo com quem?

– Mas não é justo que ele cresça na ignorância!

– Eu mesmo estou a ensiná-lo, e ele já sabe muito mais do que tu. E já te dei trela demais, ô coisa ruim.

– Bem... avisei...

– Sei. Obrigado. Deixa por minha conta. E pensou: "Logo me casarei com Maria Pia, e ele terá um lar e uma mãe para cuidar dele."

Baba viscosa escorre pelos cantos da boca de Ângelo. Enquanto Santiago o segura a fim de que ele não se machuque ao se debater, Tomaz lhe limpa a boca suja de baba, terra e grama. Tem por aquele menino um amor fraternal e se condói pelo seu estado. Não há naqueles ataques a presença de nenhum obsessor. É a fragilidade da alma no seu passado de erros que lhe impõe tal desacerto. As lembranças arquivadas fogem do inconsciente e afloram ao consciente, trazendo perturbações. Tais perturbações, localizadas primeiro no perispírito, refletem-se imediatamente no corpo material, promovendo o desequilíbrio.

O Espírito Ederaldo se aproxima dele. Concentra-se por alguns segundos. Estende as mãos sobre ele. Pequenos raios parecem sair de suas mãos e penetrar o cérebro perispiritual de Ângelo e, em seguida, o material. Sua afinidade com o garoto vem de muito tempo, e Ângelo quase sempre o ouve distintamente.

Surge, detrás de uma moita, pequeninho ser que olha a cena. É um elemental[10]. Ederaldo se ajoelha e faz uma prece:

"Pai de todos nós...

Releve nossa insensatez e ignorância. Bem sabemos que Sua justiça se fará sempre, mas sabemos também o quanto é generoso na aplicação dessas corrigendas necessárias ao nosso aprendizado. Ajude nosso Ângelo a vencer a si mesmo. Ele saberá, no futuro, ser um filho agradecido. Pai nosso..."

O elemental continua ali, espiando Ângelo por detrás da árvore. Nada fala, mas está curioso. Depois, fazendo uma reverência, afasta-se. Mas não vai muito longe. Fica escondido atrás de uma touceira de mato,

---

[10] Espíritos, na maioria, bem primários, que trabalham junto à natureza. (N.A)

pois está curioso demais para ir embora. Napoleão o vê e se põe a latir. Josefina aparece e também late. O elemental simula que vai lhes arremessar uma pedra, e eles recuam. Tião Matuto se incomoda com o alarido e se aproxima. Como não vê o *homenzinho*, pensa, acertadamente, que os cães estão vendo coisas do outro mundo e se afasta, persignando-se.

Com a ajuda espiritual, Ângelo em breve está refeito. Vê o pai e Tomaz ao seu lado.

– O que aconteceu, meu filho?

Ainda estremunhado:

– Não sei, pai. De repente, fiquei nervoso. Aquelas pedras ali...

– Que têm elas? Tem alguma coisa lá?

Todos se aproximaram do menino. Sabiam que ele via e ouvia coisas do mundo espiritual e estavam curiosos.

– Pai, o senhor sabe que aqui está cheio de almas penadas? – perguntou Ângelo, com voz pastosa.

– Não digas tolices, Ângelo. Tu imaginas tudo isso. É a doença...

– Não é a doença, pai. Queres saber o que vi e que me fez ter outra crise?

– Olha, filho, é melhor te calares. Esses daí – disse apontando os tropeiros – são todos curiosos e depois vão zombar de ti. Depois tu contas só pra mim. Agora, vamos embora. Estás te sentindo melhor?

– Enfraquecido. Mas vai passar.

Ederaldo colocou novamente as mãos sobre a cabeça dele. Tênue luz penetrou o cérebro perispirítico do pequeno e ele levou a mão à cabeça.

– Estás com dor de cabeça, filho?

– Não. É que senti como se alguma coisa quente caísse bem aqui, ó – e apontou um lugar no alto da cabeça. O mesmo lugar onde a luz penetrara. Ederaldo agradeceu uma vez mais. Estava feliz pelo bem realizado.

Os tropeiros ficaram frustrados.

– Santiago, deixa o menino contar. Não sejas tão mesquinho, querendo só pra ti o que ele viu! – disse um dos tropeiros.

– Cala a boca, Jesuíno. Não pedi tua opinião.

– Jesuíno tem razão. Não é justo. Também queremos saber – disseram outros.

E já uma discussão se levantou entre eles.

Ederaldo, que acabava de agradecer a ajuda que recebera do Alto, pois sem a vontade de Deus nada se faz, aproximou-se de Santiago:

A discussão histérica não leva a nada. Só atrai Espíritos belicosos que podem prejudicar seu filho. Saiba que ele tem mediunidade e é muito sensível. – Depois, lembrou que a palavra mediunidade ainda não estava popularizada entre o povo, mas, mesmo assim, continuou: *O Consolador Prometido está a caminho. A hora ainda não chegou. Por enquanto, tudo está encoberto. A revelação, agora, seria extemporânea, mas o século dezenove está próximo, então, o véu será levantado e todos poderão se certificar da realidade; certificar-se de que a morte não existe para o Espírito, e que todos nós somos responsáveis por aquilo que fazemos; que se colhe tudo que se planta. O Espiritismo, que ainda não nasceu para vocês, os encarnados, já é realidade para a espiritualidade e será o Cristianismo redivivo que a maioria já esqueceu ou deturpou; completará o que Jesus não pôde dizer àquela época, explicará o que ele disse por parábolas e acrescentará mais revelações. Tenhamos paciência. Aguardemos uma Humanidade melhor.*

Dispensável dizer que Santiago absorveu um mínimo da explanação do Espírito amigo. A audição espiritual ainda não estava bem treinada para mensagem de tal padrão vibratório. Ele ainda não tinha "ouvido de ouvir".

Ângelo caiu em sono profundo como sempre acontecia depois de uma crise, e Ederaldo se afastou. O gnomo continuava observando tudo do seu esconderijo. Napoleão e Josefina foram escorraçados dali por um dos tropeiros. O elemental riu e bateu palmas.

O que Ângelo contou, depois da crise, ao pai:

– Eu vi um fantasma. Um fantasma de cara maldosa que lembrava o satanás. Debaixo daquelas pedras estão enterrados *oiro* e pedras preciosas.

– O quê?!

– Sim, meu pai. Muito *oiro*. E tem uma criatura horrenda tomando conta. Não permite que ninguém chegue perto, pois foi ele quem enterrou o tesouro lá. Uma parte era dele e outra do amigo que ele matou para ficar com o *oiro* todo. Vi tudo isso e fiquei nervoso.

– Meu filho, não contes isso a ninguém. Nem mesmo a Tomaz. Fala do fantasma, se quiseres, mas não digas nada a ninguém sobre o tesouro que viste.

– Não vou falar mesmo, pois sinto que o tesouro está amaldiçoado.

– Isso é tolice. Mas *oiça* bem: bico calado.

Ângelo percebeu a alegria do pai e se questionou se fizera bem em lhe contar. Afinal, o *oiro* poderia estar amaldiçoado.

Santiago pensava:

"Na volta, virei aqui sozinho. Só eu e o Ângelo.

Vou escavar debaixo daquelas pedras e, se meu filho estiver certo, estarei rico. Daí quero ver se a Maria Pia vai dizer não a mim. Sei o quanto ela gosta de boa vida, o quanto quer ser rica. O que ela já tem não é pouco, mas ela sempre quer mais. E eu lhe darei tudo... farei dela uma rainha... a minha rainha..."

Afinal, Santiago poderia tirar algum benefício daquilo que ele chamava esquisitices de Ângelo e que, sabemos, tratava-se de mediunidade aflorada, quase que completamente desconhecida à época.

– Continua contando, meu filho.

– Eu vi o fantasma. Ele esbravejava. De punhos fechados, ameaçava-nos: *Cambada de vagabundos! Afastem-se. Este* oiro *é meu! Matei o desgraçado do vesgo antes que ele me matasse. Miserável! Fazia-se de muito amigo, mas numa noite tentou me matar. Se não sou esperto...*

Ilusão.
Pequenez espiritual.
Armadilhas do caminho.

Vejamos o que realmente aconteceu entre os dois garimpeiros:

Na busca pelo ouro, dois amigos, Tenório e Adão, o vesgo, tiveram muito sucesso. Seus alforjes, em apenas alguns meses de garimpo, estavam repletos de pepitas de ouro e também de pedras preciosas.

Eram amigos sinceros, ou melhor, pareciam sê-lo, pois, na verdade, a amizade não se corrompe pelo ouro.

– E aí, vesgo. Vamos ver quem tem o maior tesouro?

– Claro que eu tenho mais, Tenório.

– Vamos conferir, então.

Ambos despejaram os alforjes. Claro, bem longe dos outros garimpeiros.

Feita a contagem:

– Adão! Não é que tens quase o dobro, seu safado? Andaste surrupiando de alguém? Olha... me parece que eu tinha bem mais...

– Estás insinuando que eu o roubei? Pois olha aqui, não sou ladrão.

– Calma lá. Não te aborreças, ó homem!

Mas a suspeita ficou. Os dois dormiam lado a lado, mas Tenório arranjou uma desculpa e se afastou de Adão. Este percebeu, mas fingiu que estava tudo bem. A amizade desandou. A desconfiança os fazia dormir abraçados aos respectivos alforjes. Uma noite, Tenório, que não conseguia dormir de medo de ser assassinado pelo amigo (amigo?), ouviu um ruído estranho e se levantou de inopino. Ainda pôde ver um vulto que se embrenhava na mata. Correu para ver se Adão estava dormindo, mas na cama improvisada não havia ninguém. Escondeu-se no mato e ficou aguardando a volta do vesgo. Passados alguns minutos, o amigo retornou. Guardou o grande facão debaixo da lona que lhe servia de lençol e se deitou.

"Não resta dúvida. O desgraçado ia me matar. Se eu estivesse dormindo, já estaria morto a estas horas. Maldito! Você não perde por esperar."

Manhã seguinte:

– Adão, dormiste bem esta noite?

– Que nada, Tenório. Tive de me levantar várias vezes na noite com uma terrível disenteria. Acho que o tatu que comemos ontem à noite me caiu mal.

"Disenteria é? Bem sei de tuas intenções, safado!" – pensou Tenório.

No dia seguinte, durante a garimpagem, Tenório pensava: "Se eu não o matar, ele me matará. Então, vou chegar primeiro."

A noite era de lua cheia. Os dois se viravam de um lado a outro. Tenório já tinha seu plano delineado: esperaria Adão pegar no sono e o enforcaria com a corda resistente que sempre trazia amarrando as calças. Adão não teria tempo para reagir. E o ouro seria todo dele. Voltaria à sua cidade e seria rico. Talvez comprasse uma fazenda de gado e se casasse com alguma mulher também rica e bonita. "É ele ou eu... como sou mais esperto..."

Quando o ronco de Adão denunciou que ele dormia a sono solto, Tenório se aproximou. Passos de gato. A corda presa entre as duas mãos. Num átimo, já tinha o pescoço roliço de Adão entre elas. Mas Adão saltou feito gato selvagem e segurou as mãos do falso amigo. Este se esforçou e mais e mais apertou a corda. De repente, Tenório sentiu seu sangue jorrar. Adão, desistindo de segurar-lhe as mãos, o esfaqueou. No desespero do medo de morrer, Tenório levou as mãos ao ferimento. O corpo de Adão caiu sem vida. A língua de fora. O rosto arroxeado. E o fardo humano ficou ali, quase junto à poça de sangue que caía do ferimento de Tenório.

"Maldito. Esfaqueou-me, o desgraçado. Vou morrer também" – pensou, em desespero. Mas se lembrou do ouro: "O ouro... as pedras... meu tesouro... preciso enterrá-lo. Vou ficar bom." E num esforço sobre-humano, envolvendo o ferimento com uma toalha imunda, enterrou os dois alforjes ali. Depois, gritou pedindo socorro.

Alguns homens apareceram e lhe fizeram um tosco curativo. À noite, piorou. A hemorragia não cedia. Depois, a febre. Resistiu apenas mais algumas horas. Foi perseguido por alucinações em que via o fantasma do antigo amigo perto dele. Zombando. Dizendo-lhe que de nada adiantara ter cometido um crime para ficar com seu ouro.

Em verdade, o Espírito Adão, o vesgo, fora arrebatado pelas forças trevosas tão logo a vida material se extinguiu. O que Tenório via eram formas-pensamento engendradas pela própria mente culpada e em desequilíbrio.

Nossa mente.
Nosso juiz implacável.
Planta-se... Colhe-se.

Quando a morte chegou, Tenório matéria se foi, mas Tenório Espírito ficou vigiando seu ouro. "Onde estiver seu tesouro aí estará seu coração". Há tempos que aquele infeliz Espírito estava preso em si mesmo, em sua avidez pelo ouro, em sua alienação espiritual. Assim, vigiava e assombrava aquele lugar, não permitindo que ninguém se aproximasse daquelas pedras que guardavam seu tesouro. Na fome que o atormentava, revolvia a lama e a abocanhava. Dos tormentos maiores, era a sede. Sentia a garganta ressequida. Imaginava-a tomada de feridas. E assim, idealizava tais dores que, a comando do Espírito, tornavam-se realidade. No lugar onde recebera a facada de Adão, uma chaga enorme se abrira. E doía. E sangrava. E crescia dia a dia. Mas ele não arredava pé dali. Não percebia a ajuda que sua mãe, do plano espiritual onde residia, mandava-lhe. Somente uma vez, por breves momentos, ouviu soluços e se perguntou de quem seriam.

Como se viesse de muito longe, uma voz lhe disse: *Ah, Tenório! Por que enveredaste pelo caminho do crime? Para que te serve o ouro agora?*

Mãe! Minha mãe... é a senhora que chora? Chora por ter tido um filho tão desgraçado como eu?

Mas foi apenas um momento de arrependimento. Estava, aquele coração, por demais empedernido. Carecia de muito tempo no sofrimento a fim de acordar para a realidade espiritual e encontrar o caminho da retidão.

Quando Santiago e sua tropa se aproximaram, ele tratou logo de fazê-los azular dali. Como Ângelo era médium, pôde vê-lo e compreendeu tudo com a ajuda de Ederaldo.

Santiago já tinha o plano idealizado, mas nada disse ao filho.

Assim que Ângelo melhorou, seguiram viagem. O gnomo, que não mais se afastara da tropa, foi junto. Ângelo o percebia de forma difusa, e não sabia muito bem o que aquele pequeno ser com cara de deboche fazia ao seu lado.

Santiago fez seu plano para o retorno: Voltaria só com o filho. Acertaria as contas com os tropeiros e os dispensaria. Pretendia se casar com Maria Pia ainda no ano corrente. Com o dinheiro da herança de Alba e com o tesouro que planejava roubar do Espírito guardião, sabia que Maria Pia não o rejeitaria.

"Ângelo me ajudará com a tal alma penada. Assombração não precisa de *oiro,* eu sim."

Capítulo 9

A chegada

A paixão das almas imaturas é forjada na oficina das ilusões.

Trinta e oito dias de difícil caminhada e chegaram ao destino. Os moradores correram para saber as novidades e só bem tarde retornaram às suas casas. O zumzumzum dos tropeiros que bebericavam e riam se perpetuou noite a dentro e muitos foram dormir embriagados.

Santiago buscava avidamente uma portuguesa de olhos assustadiços. De costas para ele, avistou quem julgou ser Maria Pia:

Aproximou-se. Coração agitado:

– Quanto tempo! – disse, com voz tremida.

A moça se virou, assustada. Não era Maria Pia.

O pedido de desculpas foi quase inaudível, mas

a decepção lhe ficou estampada no rosto como bandeira em festa nacional.

Os olhos de Tomaz também fizeram o mesmo percurso. Entristeceu-se por não encontrar no aglomerado humano aquela a quem procurava. Mas encontrou o olhar sombrio de Santiago.

Um garoto entrou correndo no quarto de Maria Pia. Santiago o encarregara de mandar-lhe um recado. Ela estava linda! O garoto, ao invés de dar-lhe logo o recado, ficou de olhos pregados nela. O vestido de tafetá rosa lhe caía muito bem e valorizava suas formas. Abanava-se com um leque. Jamais se acostumara ao calor tropical. Embora àquela época não existissem ali cosméticos enganadores, ela mostrava uma pele acetinada de pêssego maduro. Os lábios generosos de nada precisavam para atrair os olhares masculinos. Os cabelos penteados sem muita definição eram constantemente jogados para trás num movimento coquete.

O garoto continuava a olhá-la.

– O que faz aqui, Sebastian? E por que está mudo? Perdeu a língua? – perguntou, sorrindo, pois sabia muito bem a razão da mudez do garoto.

– É que... Puxa! Você é muito bonita, dona Pia.

– Qual dona! Sou muito jovem para esse "dona"! Vamos, desembuche de uma vez. Anda, peste!

– Aquele tropeiro...

– Que tropeiro? Tem tantos por aqui. Alguém que chegou há pouco?

– Chegou com a tropa agorinha mesmo. É um tropeiro grandão, com um vozeirão daqueles! Parece mal-humorado. Ele me pediu para dizer-lhe que está a sua espera lá fora.

– Santiago! Será que Tomaz também veio? Meu Deus! Não consegui decidir nada ainda!

– Obrigada, Sebastian. Já vou.

– Quer mandar um recado? Um bilhete de amor? – falou o garoto, dando uma piscadela maliciosa.

– Não seja atrevido, moleque! Qual bilhete de amor...

– Pensa que não sei? Que sou coió?

– Calado!

Santiago decidiu que chegaria antes de Tomaz. Para tanto, sequer havia se banhado e trocado de roupa. De longe, Maria Pia o viu e seu coração deu um pulo e os passos se alargaram. O tropeiro limpou a garganta e esperou. Tinha as pernas trêmulas. Ajeitou a guaiaca, erguendo as calças.

E lá vinha ela. Cabeça erguida, olhando a ponta do nariz e ciente do amor que despertava naquele tropeiro rude. O vestido de tafetá fazia ruge... ruge... ruge, com suas passadas firmes, e era o único som que ele ouvia.

O pôr do sol foi a única testemunha daquele encontro.

– Olá, Santiago... Como foi a viagem?

Ele não respondeu. Formou-se uma *massaroca* em sua garganta, e a voz não saiu.

Situação ridícula. Coisa de coração apaixonado. Quem nunca se apaixonou que não dê palpites, ora, pois!

Maria Pia se deixou abraçar. Sentiu o cheiro forte daquele homem que amava (amava?). Naquele momento, acreditava que sim. E, por um tempo, foi intensamente feliz. Casar-se-ia com ele e faria daquela hora o momento inesquecível de sua vida.

Alma humana.
Poço de ilusões.
Incoerências.

Dali a pouco pensava em Tomaz e, ao pensar em se afastar até decidir, mais se achegou a Santiago. Tomaz... Tomaz estava longe dali. Mas, quando se beijaram, foi Tomaz que ela beijou. O vento da indecisão fez ruir todos os castelos erigidos havia pouco.

– Maria Pia... desta vez, terás de decidir. Quero voltar para o sul já casado contigo.

Santiago estava decidido a arrancar da amada uma promessa de casamento, mas Maria Pia estava tão longe, pensando em Tomaz, que não ouviu. Ele insistiu:

– O que tu achas? Não posso esperar mais! Muito já dura essa arenga!

– Ahn? Que disseste? Esperar o quê?

Santiago percebeu que ela não o amava como ele a ela. Mesmo assim, repetiu a pergunta.

– Casar?

– É o que estou a te dizer, rapariga! *Oiça...* seremos felizes.

O Espírito perseguidor que estava ligado a Santiago assoprou no ouvido dela:

Se casar com ele, leva o imprestável do menino doente junto. Quer isso na sua vida?

Sim. Havia Ângelo. Ângelo com seus ataques. Desde que o conhecera, embirrara com ele. Não por ruindade de alma, mas porque sentia medo. E por reminiscência de um passado longínquo, mas não de todo esquecido.

– Não sei... Ainda é cedo...

– Não é cedo! Queres esperar o quê? Quero ter mais filhos, e não quero parecer o avô deles!

Veja que ele não quer uma esposa; quer uma fêmea; uma parideira de seus filhos. E se o mal de Ângelo for uma maldição sobre o pai, os outros também nascerão doentes – tornou o obsessor que, decididamente, não queria ver Santiago feliz.

Maria Pia estremeceu. Não ouviu as palavras do Espírito, mas assimilou seu pensamento.

De longe, viu um vulto que se aproximava. Era Tomaz. Ela se desvencilhou do abraço, e ele passou ao largo. *"Teria me reconhecido? Espero em Deus que não."*

Santiago olhou o tropeiro que se afastava. Depois, olhou Maria Pia e, compreendendo, mais odiou Tomaz. "Preciso tirar esse mequetrefe do meu caminho." E tornou a abraçar a volúvel mulher.

Ângelo, por sua vez, estava preocupado com a ausência do pai e viera chamá-lo, mas ao perceber que ele não estava só, voltou. Reconheceu Maria Pia e sentiu o coração bater forte. O que era para ele a amada do pai? Por que, ao lado dela, vinham-lhe pensamentos de dor, remorso, frustração?

Então, um redemoinho das lembranças arquivadas arremeteu-o para o século XVI. Era médium e isso lhe facilitou a volta ao passado. Não leu como num livro aberto, mas teve certeza de que já amara aquela mulher a ponto de perder-se por ela.

Sentou-se. A tristeza o invadira ao pressentir que jamais poderia ter aquela voluntariosa criatura de olhar assustadiço. Algo no passado lhe trazia à boca o gosto de sangue todas as vezes que a via.

Maria Pia estava insegura quanto aos próprios sentimentos. Toda vez que ia dizer o "sim" a Santiago, a lembrança de Tomaz se intrometia entre ambos. De igual forma, toda vez que estava propensa a dizer "sim" a Tomaz, a lembrança de Santiago a impedia. Um tormento! Mas o que mais a impressionava era a imagem nebulosa de um corpo caído. De sangue. De morte. A esta lembrança, tremia e se persignava. Uma vez, contou isso em confissão, e o padre lhe dera uma penitência, mas mesmo assim, ela não se livrou das lembranças.

– E então? Minha amada... sou muito rico. Estou de posse da herança de Alba. Seremos felizes. Vamos morar onde tu quiseres.

– É que... "Valha-me, ó Pai Santíssimo! Casando-me com ele serei a mãe de Ângelo!"

E a relutante moça foi salva por sua tutora, que apareceu na hora certa, evitando que ela desse uma resposta objetiva sobre casar ou não casar. Santiago percebeu o olhar de desaprovação da senhora. Não fazia bem à imagem de uma moça de família que a vissem agarrada a um tropeiro. Com seu jeito autoritário, fez a moça entrar.

E tudo ficou na mesma. Breve ele teria de voltar para o sul e, ao que tudo indicava, voltaria sem resolver aquela pendenga.

No dia seguinte, Maria Pia se encontrou com Tomaz. Estava limpo, de barba feita e bem vestido. A bombacha[11] estava amassada, mas limpa. O chapelão de feltro fora escovado e parecia quase novo. Porém, o mesmo não acontecia com suas botas. Por mais que ele tivesse caprichado, elas mostravam uma ruína total. Como outra não houvesse, o jeito foi se conformar. Nada mais importava senão Maria Pia, e ela não haveria de olhar suas botas. Não fez como Santiago, mandando recado. Foi ele mesmo abordar a amada tão logo a viu sozinha. O coração quis saltar, mas ele o segurou firme.

A moça o viu e lhe fez um sinal para que ele a seguisse. Esperava aquele encontro. Para não ser vista por Santiago, escolheu um retiro afastado, somente conhecido por ela.

Estava deslumbrante. De longe, Tomaz sentiu o perfume, um tanto doce para seu gosto, porém, o que importava era a mulher e não o perfume.

---

[11] Calção largo semelhante ao dos gaúchos, também usada pelos tropeiros. (N.A)

Abraçaram-se sem se falar. Palavras? Quem precisa delas nessas horas? Depois, o impetuoso jovem voltou a insistir na união. Seriam felizes, ele jurava. Era muito jovem? E daí? Tinha amor suficiente para lhe proporcionar felicidade para o resto da vida.

Enquanto beijava Tomaz, Maria Pia se lembrava de Santiago. Da mesma maneira como, quando beijara Santiago, lembrara-se dele. Aquilo não tinha mais fim? Como solucionar tal impasse? Ela não sabia.

Lola, a tutora, estava em visita a uma conhecida. Recomendara-lhe mil vezes que não saísse de casa na sua ausência, pois o povoado estava cheio de tropeiros mal-encarados e seria temerário andar pelas ruas ao anoitecer.

Ela se lembrou da recomendação.

– Tomaz, preciso voltar pra casa. Dona Lola não está e me pediu para não sair – mas o real motivo era o medo de que Santiago os surpreendesse. E ele deveria estar procurando por ela... E ela estava ainda mais confusa do que antes.

Fato! A tutora estava ausente... Era aquela a hora. E os olhos de Tomaz brilharam, enquanto sombras escuras se assanhavam ao seu redor. Não se costuma dar o devido valor aos pensamentos, todavia, com eles, podemos construir elevadores para o céu ou nos arrojar nos abismos trevosos onde impera a dor. É fácil entender: sintonia. Pensamento e vontade são forças ainda um tanto desconhecidas. Temos a companhia espiritual que elegemos. Justo.

Tomaz, conquanto não fosse um mau-caráter propriamente dito, era um Espírito contraditório, sem grandes conquistas morais. Na atual existência era tímido e até efeminado, por ter recebido educação de uma avó a quem adorava e cuja meiguice incorporara ao caráter. Portanto, não fora algo decorrente de finura espiritual propriamente dita, e sim de assimilação pela vivência com a avó. Pelos bons exemplos vistos e imitados também se adquire alguma virtude, disse o sábio chinês Confúcio.

Aí os macaquinhos travessos da mente de Tomaz deram cada qual um conselho:

"Não seja tolo."

"Vai deixar passar tão boa oportunidade?"

"E Santiago? Não faria o mesmo?"

A alma escondeu o pudor atrás da porta e partiu célere em busca do prazer.

– Amada minha! Eu te levarei de volta, não te preocupes. Conheço a maior parte dos tropeiros, e eles não nos farão mal algum. Confia em mim.

Nunca peça a uma menina-moça, escolada como Maria Pia, para confiar em você.

– Nunca vou confiar em homem algum. Meu avozito – que Deus o tenha – sempre me dizia que quando um homem diz isso é porquè, de alguma forma, a má ideia já lhe passou pela cabeça e fez ninho. Olha lá, que não sou rapariga tola.

– Maria Pia, tu não me conheces direito.

Verdade. Ela não o conhecia mesmo. Talvez não se desse tão mal assim se o conhecesse... Bem.... mas havia Santiago. E ela o entreviu na nebulosidade de sua mente: casmurro, dizendo não, não e não. Você não deve *conhecer* melhor o Tomaz, Maria!

Obedecer às ordens de Santiago? Ora... tenha paciência! Nem morta.

E ela aceitou conhecer melhor o rapaz.

Retornaram. A rua principal, como era o esperado, estava atulhada de gente, de tropeiros exalando o bodum da longa viagem.

Seguiram por uma viela que dava no quintal de Maria Pia. À porta, pararam.

– Bem... então, até amanhã – mas o "até amanhã" de Maria Pia era anêmico, sem nenhuma vitalidade. Esperando ser contrariado.

– Espera... Não posso entrar?

– É claro que não! Pensas que sou alguma perdida? – tudo saiu tão amassado de sua garganta, que não convenceu Tomaz.

– Claro que não, minha Maria! Sei o quanto és honesta. Se não soubesse disso não estaria querendo me casar contigo, ora, pois!

Parte verdade, parte mentira. Discussão. Entra. Não entra.

O anjo da guarda dela, mais uma vez, tentou ajudar: *Não sejas tola, Maria. Vê que estás plantando hoje o que colherás amanhã. Depois, não adianta chorar e dizer que tiveste má sorte. Muitas vezes, por alguns minutos de prazer, têm-se anos de sofrimentos futuros. Usa a inteligência que já possuis. Tens o teu livre-arbítrio, mas uma ilusão pode te custar caro.*

O guia espiritual ficou desolado quando percebeu que a bela portuguesinha nada registrou de seu conselho.

Também as forças do mal estavam atentas e logo uma sombra negra os envolveu. Tomaz entrou primeiro, puxando Maria Pia. Não houve consentimento verbal dela, porém também nenhuma resistência.

– Aqui estamos bem melhor.

– Mas dona Lola pode voltar a qualquer momento!

– Ficaremos atentos.

Abraços. Beijos. Espectros que faziam voos rasantes sugestionavam; riam, abraçados aos dois, a fim de usufruírem o momento de prazer. Poderia tal relacionamento ter tido privacidade. Os obsessores poderiam ter sido impedidos de adentrar o quarto, como acontece nas uniões sexuais sérias, mas o que movia o casal era apenas o desejo da carne. E os pensamentos sensuais, a ausência de qualquer valor positivo, e principalmente a rejeição aos conselhos do guia espiritual, franquearam a permanência dos Espíritos desencarnados e cultivadores dos gozos e ilusões materiais.

Maria Pia se deixou levar pelas sugestões dos avejões grotescos. Tomaz tinha o coração acelerado e a beijava com paixão. Trancaram a porta do quarto. Nenhum pensamento que não fosse o de luxúria, da posse, do prazer.

Tomaz, assim que consumou o ato, fugiu, saltando a janela como um ladrão. Também estava assustado, mas feliz como a criança que ganha o presente por tanto tempo esperado.

Somente na manhã seguinte, Maria Pia viu a extensão de sua loucura. Como pudera? Não criticava sempre as moças levianas, que se deixavam enlear pela conversa dos homens? Não estivera sempre ao leme, dirigindo sua vida? Infelizmente, não se lembrara de nada disso antes de deixar Tomaz entrar.

Alguém os seguira sem ser visto. Era Santiago. Desgovernado por sentimentos de ódio, viu quando entraram e quando se fez luz no quarto da moça. Não arredou pé dali até que viu Tomaz saltar a janela e sumir na noite escura.

Corroído de ciúme, jurou matar o rival na primeira oportunidade. Quanto a Maria Pia... Como poderia viver sem ela?

Não tenho te advertido contra esse aí? E que fazes? Ficas como um frouxo, lutando por um amor não correspondido. Dá um jeito nesse Tomaz ainda hoje. Vai ao quarto dele! Mata-o! – sugeriu o obsessor que, atraído pelos pensamentos odientos, mais se lhe imantava ao Espírito.

O tropeiro pensava em como fazer para eliminar o rival, afinal, depois do que vira... impossível ficar de braços cruzados. "É hoje ou nunca! O maldito deve estar feliz, pensando que já estou fora da jogada. Pois que fique a esperar." – E ralado de ódio, fazia plano para assassiná-lo. Pensava nos detalhes, sempre ajudado pelo obsessor. À medida que pensava no crime, figuras fluídicas iam-se formando ao seu redor, filhas de sua mente. Pareciam adquirir vida e se agitavam. Pensamento e vontade são forças plásticas e modeladoras. Com tal dupla, também criamos.

Santiago descia... descia... e toda sua mente era um vulcão pronto a explodir. O obsessor o instigava. Mas Deus é Pai vigilante, e Ederaldo se aproximou. Orou. Falou categoricamente aos ouvidos espirituais de Santiago. Foi uma luta árdua da luz contra a treva. O obsessor foi afastado, e o tropeiro, fora de sua influência negativa, começou a escalar de volta as escarpas do abismo onde se arrojara pelos pensamentos desequilibrantes. Não era violento; alguma virtude possuía e isso o livrou da queda total. Com esforço, pôde pensar com mais equilíbrio e bondade.

Um sino bateu ao longe. "Deus, onde estais? Que fiz eu para merecer sorte tão desgraçada? Por que permitis, ó Pai, que me roubem a mulher amada?" – eram gritos da alma de Santiago enquanto lágrimas lhe molhavam o rosto.

Ao pensar em Deus, um clarão iluminou sua alma, e Ederaldo pôde ser melhor compreendido:

Ah, meu amigo! Clamas a Deus com o coração cheio de ressentimentos! Aprende a ler a crônica divina e confia.

Aprende que todos somos Espíritos devedores perante a Lei. Confia! Se fizer o que planeja, não mais terá sossego e perderá para sempre Maria Pia.

Santiago se aquietou. Não ouvira aquelas palavras com os ouvidos materiais, mas as registrara na alma.

O mal, pelo menos no momento, fora subjugado pela luz.

Capítulo 10

A ganância turva a mente

Ouro que não nos pertença
É um mal que traz desonra
Cobra que alimentamos
Que um dia nos devora.

Maria Pia se arrependeu da aventura com Tomaz e vivia chorando pelos cantos da casa. E se ficasse grávida? "Minha Nossa Senhora! Permita que eu não tenha pegado barriga! Só me faltava essa! Ainda nem decidi se quero mesmo me casar com ele... Tão criança! Onde eu estava com a cabeça?! E Santiago? Meu Deus! Agora sei que é a ele que amo! Oh, cabeça dura... que fizeste? Que faço agora?"

Lola nem desconfiava do que lhe ia à alma.

– Que tens, rapariga? Trazes sempre os olhos enevoados e a alma distante. Saudades da terrinha?

– É também isso.

– Pois estou cá a *pensar* em voltar.

"Voltar? Ficar longe dos dois amores? Talvez fosse a solução" – pensou a incoerente criatura.

Santiago, depois que viu Tomaz sair do quarto dela, ficou um tempo ressabiado. "Talvez fosse melhor esquecê-la. Ela não gosta de Ângelo, e Ângelo também fica esquisito diante dela" – pensava.

O tropeiro ficou no povoado apenas o tempo necessário para entregar o gado e as encomendas. Não queria montar nova tropa e tampouco viajar na companhia de outros tropeiros. Somente Ângelo o acompanharia, pois pretendia voltar pelo mesmo caminho e desenterrar o tesouro escondido sob o monumento de pedra. Que o tal Espírito, se Espírito houvesse, que o desculpasse, pois ele saberia dar melhor uso a ele.

– Ângelo...

– Senhor.

– Achas mesmo que tem *oiro* lá?

– Tem, sim. Aquilo lá é coisa maldita, pai! E como já lhe disse, tem também um guardião tomando conta.

– Uma alma penada vigiando?!

– É. E pelo que vi, nada boazinha. Foi um garimpeiro.

Santiago tirou o bentinho de dentro da camisa e o beijou:

– Ele não precisa mais daquilo. Nós, sim...

– Mas pai... nós também não precisamos. O senhor tem até um sítio... vai receber a herança de minha mãe... nem precisa mais tropear se não quiser.

– Gosto de tropear. Faz a gente se esquecer das mágoas. E o sítio, por enquanto, só me dá prejuízos.

– Porque o senhor não para lá. Os peões não trabalham na ausência do patrão.

– Olha lá, fedelho! Estás me saindo um bom conselheiro. Vou nomear-te administrador. Quero ver se fazes aquilo render.

– Pai... aquele Espírito me pareceu feroz. Senti seu ódio.

– Estás com medo?

– Claro que estou!

Santiago pensou que talvez fosse prudente desistir. Ângelo poderia ficar nervoso e ter outra crise. Mas o ouro falou mais alto:

– Eu não tenho medo de mortos. Estão mortos, que poderão fazer?

– Eles são perigosos. Podem fazer mais do que o senhor imagina.

– Pois então, não vá comigo. Irei sozinho e tirarei de lá aquele tesouro.

E olhando seriamente para o filho:

– Estás certo de que tem mesmo tesouro lá? Não é coisa de tua imaginação?

– Vi tudo muito claramente. Nunca me enganei. E a voz me falou.

– Então, deixa comigo.

– Vou com o senhor. Talvez, eu possa conversar com o fantasma.

Depois de tudo acertado, os dois partiram antes que o Sol aparecesse.

– Pai...

– O quê?

– O senhor não falou mais com a Maria Pia. Desistiu dela?

Santiago reviu em pensamento a cena do rival pulando a janela e sentiu as faces se incendiarem. Não estava disposto a fazer parte de um triângulo amoroso.

– Por enquanto. Vou pensar o melhor a fazer. Gostarias que eu me casasse com ela?

Ângelo sentiu o coração bater descompassado. Sua alma gritou: Nããããão!

– Ficaste mudo, *muleque*? Eu te fiz uma pergunta.

– Se é isso que o senhor quer... – e deu de ombros.

O cavalo que Santiago montava parou de inopino e ergueu as patas dianteiras, quase derrubando-o. Um forte relincho e novo empinar das patas. Santiago o esporeou, mas ele não saiu do lugar.

Napoleão e Josefina saltaram dos balaios onde estavam instalados, um de cada lado, na garupa do cavalo de Santiago e se puseram a latir. Olhavam sempre para determinado lugar. Ora avançavam, ora recuavam.[12]

Ângelo ouviu uma estranha gargalhada. Bem na frente do cavalo, o Elemental, que os seguira até ali, fazia piruetas. E ria às *bandeiras despregadas*.

– Pai, não esporeie o cavalo. Ele não tem culpa. Na frente dele tem um ser... acho que do outro mundo! Parece um anãozinho...

– O quê?!

– É um homenzinho bem esquisito. Ele tem me seguido desde aquele dia em que fiquei muito doente. Às vezes desaparece, mas logo volta e fica rondando a tropa.

O elemental foi afastado dali por Ederaldo, que

---

[12] Vide O LIVRO DOS MÉDIUNS, cap. XXII – Da mediunidade entre os animais. (N.A).

lhe passou uma descompostura. O "homenzinho" se foi, resmungando. Tão cedo não faria mais peraltices.

Os elementais, como já dissemos, são seres em transição, em evolução. Estão no limiar do reino hominal. Deixam-se levar por mentes humanas encarnadas ou desencarnadas e tanto podem fazer o bem, como pequenas maldades. São inconsequentes e não sofrem punições, pois que ainda não adquiriram responsabilidade; ainda não têm discernimento do bem e do mal. São trabalhadores da natureza e alguns poderão já ter adquirido certa evolução. Há elementais da terra: os gnomos ou duendes; elementais do ar: os silfos e sílfides; os da água: as ondinas; e os do fogo: as salamandras. Representam os quatro elementos da natureza.

Depois do susto, Santiago seguiu em silêncio.

– Pai...

– Que foi?

– Talvez não seja bom mexermos com aquele fantasma lá das pedras. A voz está me advertindo sobre isso.

– Ora essa! Claro que será bom. Ficaremos ricos! Essa voz que dizes ouvir é coisa de tua mente, *muleque*.

– É que também estaremos roubando. Aquele tesouro não é nosso.

– Não sejas burro! Achado não é roubado.

Ângelo tentou. Ficou triste com a reação do pai e, sem pestanejar, respondeu-lhe:

– Se eu sou um burro, o senhor meu pai o que é?

Santiago engoliu em seco. Mas gostou da resposta do filho e riu.

– Meu filho, sou um asno.

Os dois riram. Estavam bem próximos do monumento de pedra.

– Ali, pai. Lá está o seu tesouro.

Desceram, ressabiados, e se aproximaram. Santiago foi à frente:

– Ângelo, vai buscar as ferramentas.

Antes de começar a cavar, retirou o bentinho de dentro da camisa e o beijou novamente. Acreditava, realmente, que aquilo o protegeria.

Ângelo, expectante, olhava para todo lado, esperando surgir a qualquer momento o fantasma guardião. Estranhou não vê-lo ali, tomando conta do seu ouro.

– Então, filho? Vês alguma coisa?

– Estranho... ele não está aqui.

– Vai ver se cansou de guardar o *oiro.*

Santiago se pôs a cavar com determinação. Estranhou que a terra ali estivesse bem fofa.

– Não estou gostando. A terra aqui já foi revolvida, sem dúvida.

Ângelo se aproximou.

– Pai, não vejo mais os alforjes e nem tesouro algum.

– Maldição! Alguém chegou primeiro do que nós.

– Mas quem poderia ser, se não contamos pra ninguém?

– Não contaste ao Tomaz?

– Contei só do fantasma, mas nada lhe disse sobre o *oiro.*

– De qualquer forma não poderia ter sido ele, pois ficou na vila. "Desgraçado, ficou lá para se aproveitar mais de Maria Pia" – pensou.

– Fomos os primeiros a retornar, pai. Exceto o Caripó, que mal acertou as contas e voltou.

– Notei que, no fim da viagem, ele estava estranho. Silencioso, o que não é seu hábito. Será que o desgraçado nos passou a perna?

– Acho muito estranho o fantasma também ter desaparecido.

Já estava escurecendo, e Santiago acendeu um lampião. Debaixo da luz bruxuleante, ainda cavou um pouco mais. Acabou fazendo um buraco enorme e só então desistiu.

– Sabes o que mais? Acho que tu não viste nada. Acho que é coisa de tua cabeça zonza. E eu, estúpido que sou, acreditei.

– Eu vi realmente! Quando eu lhe disse algo que não deu certo?

– Sempre tem uma primeira vez.

Guardaram as ferramentas. Banharam-se num pequeno riacho; galoparam mais alguns quilômetros e se prepararam para o repouso.

Ângelo se demorou a dormir. Não sabia explicar o que tinha acontecido, pois tinha certeza de que o que vira e ouvira fora real.

Vejamos o que aconteceu:

Quando Ângelo contou ao pai sobre o ouro, Caripó ouviu e ficou amoitado para ouvir toda a conversa. Pressentiu que alguma coisa estranha o menino vira. Ouviu tudo sobre o tesouro enterrado. Só pela reação de Santiago, percebeu qual era a intenção dele. "Esse gajo pensa que é esperto, mas eu vou chegar à frente. Ângelo deve ter falado a verdade, há mesmo ali um tesouro enterrado. Eu também pude ver o tal fantasma."

Na vila, acertou as contas, comprou alguns mantimentos, uma pá, e voltou pelo mesmo caminho algumas horas antes de Santiago e Ângelo.

Seguia pensando o que fazer caso o fantasma criasse problema. "Mas ele nada poderá fazer contra mim. Eu vou até lhe ser útil, pois o libertarei da condição de guardião. Explicar-lhe-ei que ele não pertence mais a este mundo e que deve ir para seu lugar."

Teve sorte o tal do Caripó. O avejão não estava mais zelando pelo seu ouro e foi muito fácil apropriar-se dos alforjes.

Um dia acordamos.
A inércia cansa.
A evolução empurra.

Ederaldo, o bom Espírito que seguia a tropa, condoera-se dele. Esclareceu-o sobre seu real estado de desencarnado; mostrou-lhe que aquele ouro para ele não servia para nada agora.

O pobre alienado chorou. Maldisse sua sorte. Acusou a Deus, dizendo que, agora que estava rico, ele achou de levá-lo. Mas no fim, rendeu-se às evidências. Todavia, não aceitou o oferecimento de Ederaldo para esquecer e internar-se em um pronto socorro espiritual. Estava com o coração cheio de ódio e revolta.

Ângelo disse ao pai que o tesouro bem podia ter sido levado por Caripó.

– Pois vamos atrás dele. Ninguém me faz de bobo e fica por isso mesmo.

– Ele não deve estar muito longe.

Ângelo estava certo. A alimária de Caripó meteu a pata em um buraco e quebrou a perna. E estava muito longe da primeira vila para comprar outro animal. Desesperado, com um grande cesto de alimentos, água e os dois alforjes pesados, não sabia o que fazer.

– Maldição! Só pode ser coisa do demo! – pensou Caripó, com grande revolta.

Sua égua sofria. Caripó lhe deu água. A última água que ela bebeu, pois outro jeito não houve que não sacrificá-la.

O estampido ecoou mata adentro.

– Isso foi um tiro?

– Sim, senhor.

– Então, já sabemos onde Caripó está. Vamos.

Napoleão e Josefina foram chamados:

– Vamos, Napoleão... Josefina... Encontrem o Caripó.

Os cães saíram em disparada. Em pouco tempo, encontraram Caripó, que andava com dificuldades. Mancava, pois a pesada botina já lhe fizera bolhas nos pés. Napoleão e Josefina lhe fizeram muita "festa", pois de todos os tropeiros era dele que recebiam o maior naco de pão duro e farofa de carne seca. O mesmo, todavia, não aconteceu com Santiago:

– Seu filho de uma mundana! Podes passar pra cá o *oiro* que roubaste! Nem tentes me enganar!

Nenhum músculo do rosto de Caripó se contraiu. Apertou contra o peito os dois alforjes e encarou Santiago. Depois, olhou para a espingarda, mas não haveria tempo para recarregá-la e acabar com Santiago.

– Tu queres dizer: o *oiro* que roubei antes que o roubasses.

– Não importa, ó gajo. Foi Ângelo quem viu o tesouro primeiro. Ele me pertence, pois.

– Não sejas tolo, Santiago. O *oiro* não é meu, não é teu. É do pobre Espírito que estava lá e que já seguiu seu caminho – E fazendo o sinal da cruz: "Que Deus o tenha."

Ângelo, que estivera calado:

– Seu Caripó, o senhor tem razão. A nenhum de nós pertence o *oiro*, então o melhor é dividi-lo. O que tem aí dá para enricar o senhor e meu pai.

Caripó pensou um pouco:

– Bom, é melhor um bom acerto do que uma má demanda.

– Mas, filho, por que me contentar com a metade quando posso ter tudo?

– Não pode. Eu te perseguirei pelo resto de minha vida e acabarei te mandando para o inferno! – revidou Caripó.

– Ou eu te mandando primeiro!

– É bem mais difícil viver fugindo de alguém do que viver procurando alguém. Tu não poderás nem dormir em paz.

Santiago entendeu o recado. O de que menos precisava era arranjar outra danação. Maria Pia já lhe enchia de preocupações.

– Em nome da nossa finda amizade, eu aceito a ideia de Ângelo. Vamos repartir o tesouro. Aqui tem quatro esmeraldas das grandes, pequenos diamantes e muitas pepitas de *oiro*. Mas na grande maioria, são pedras de pouco valor que aqueles dois trapalhões deram por *oiro*.

– Então, não trapaceie. Vamos dividir já.

– Antes quero impor uma condição – disse Caripó.

– Qual?

– Estou a pé. Precisei sacrificar minha égua, a Soberana. Quero viajar na garupa da Mimosa, a montaria de Ângelo – falou com a voz embargada, pois tinha, pelo animal morto, o amor de muitos anos.

Capítulo 11

Mediunidade a serviço do mal

Quem comete um crime
torna-se réu de si mesmo.

Caripó se aboletou na garupa da égua Mimosa. Não estava muito confortável e seu estado espiritual não era dos melhores. Pensava em Soberana, e as lágrimas, até agora contidas, molhavam-lhe o rosto.

– Caripó, você enterrou a égua? – perguntou Ângelo.

– Como? Estava muito cansado e não conseguiria abrir um buraco tão grande, sozinho!

– Mas isso é uma judiação! Os urubus logo estarão rondando!

– Os urubus também precisam comer, Ângelo – disse Santiago com indiferença.

Caripó assoou ruidosamente o nariz. Tentou disfarçar, mas chorava pelo animal perdido.

Nada a fazer, retornaram. O escuro agora era intenso. Apagaram o lampião e resolveram pernoitar por ali mesmo. O tempo estava firme e se ajeitaram como puderam. Santiago próximo ao filho; Caripó afastado, agarrado à parte do tesouro que lhe coubera na partilha.

Mais que o cansaço, a lassidão espiritual tomou conta de Caripó. Era médium, mas à época, o Espiritismo ainda não havia nascido, e a mediunidade era pouco conhecida. "Ouvia-se o galo cantar", mas não se sabia onde. O médium era, na maioria das vezes, considerado um feiticeiro ou bruxo. Na Idade Média, eram queimados em fogueiras a qualquer sinal de mediunidade, o que chamavam de bruxaria.

Pensamento no mal.
Ligação com as trevas.
Lavoura de dores.

Durante o sono e em corpo perispiritual, Caripó foi ter com as forças trevosas, pois não ficara satisfeito com a partilha e vinha acariciando o pensamento de roubar Santiago na primeira oportunidade. Desferira pensamentos negativos que alcançaram o alvo. Nem bem se deitara e alguns Espíritos ociosos já o aguardavam. A mediunidade lhe abria a alma. Poderia trabalhar com ela para a vitória do bem, no entanto, a usava para enaltecer o mal.

– *Amigo, que espera? O desgraçado não lhe roubou o ouro?* – disse um Espírito de terrível carantonha.

– Roubou. O excomungado! Mas eu tive o trabalho de desenterrá-lo. Veja o estado de minhas mãos, machucadas pela enxada! O *oiro* é só meu. Só meu!

– *Claro. É só seu. Mas você está muito devagar. Vamos lá. Volte ao corpo adormecido, arme-se e faça o que tem de fazer!*

Outros trevosos foram chegando. Todos rodearam Santiago e Ângelo. Mas Ederaldo estava a postos e tentou expulsar os invasores, porém, eram muitos, e Caripó se conectava fortemente com eles. A mediunidade o fazia viver sempre com um pé no mundo espiritual e, como não a usava para o bem, a conexão era quase sempre com o plano espiritual inferior. O livre-arbítrio de cada um. Um dia, todos responderemos por seu mau uso. Justiça divina: impossível esconder-se dela.

Só restava uma saída para Ederaldo impedir o crime, pois que Caripó já acordara e estava prestes a obedecer aos Espíritos ignorantes. Assim, instigou Napoleão, que começou a latir. Pai e filho acordaram assustados. "Maldição!" – disse Caripó, decepcionado.

– O que foi, Napoleão? – perguntou Santiago, desembainhando a faca.

– Viste alguma coisa, Napoleão? – inquiriu Ângelo.

Napoleão fora roçar-se em Caripó. Depois, lambeu o rosto de Ângelo na mais completa pureza de sentimentos.

A turbamulta ficou por ali, aguardando nova oportunidade. *Ele voltará a dormir* – disse o líder dos trevosos.

Ederaldo quis intervir sugerindo bons pensamentos a Caripó, mas todas as portas estavam fechadas. Só o pensamento no mal tinha prevalência. O Espírito, então, aproximou-se de Ângelo e foi facilmente ouvido.

– *Ângelo, Caripó tenciona roubar seu pai. Esteja atento, pois poderão brigar e sabe-se lá o que poderá acontecer.*

O garoto registrou a advertência na forma de intuição e compreendeu tudo pela linguagem muda do pensamento.

Depois de certificar-se de que não havia nada de errado, todos foram se deitar novamente.

Caripó se mostrava endurecido. As palavras do Espírito trevoso ainda se lhe repercutiam na mente: *O ouro é seu. Só seu. Que espera?*

O sono não chegou para Caripó, excitado que estava pela ideia de se apossar do ouro novamente. Não precisou dormir para ouvir as trevas, uma vez que já estava conectado com elas.

– *É bom que não durma, Caripó. Espere que os dois estejam dormindo, depois se levante sem fazer ruído. Sele o cavalo e retome seu ouro. Mesmo que ele acordar, não poderá lhe seguir de imediato. Você terá tempo de esconder-se no mato ou esconder o ouro num lugar seguro e vir buscá-lo mais tarde. Depois que passar o rio, tem uma picada; siga-a na direção norte. Santiago não conhece aquele caminho. Vai ser fácil, pois ele imagina que você seguirá em frente, ou seja, para o sul, enquanto você voltará em direção ao norte/nordeste.*

Caripó ouviu tudo como se estivesse falando com um encarnado. Recebera a mediunidade antes de reencarnar. Ele a pedira para ajudar na sua evolução espiritual, pois, sendo testemunha da continuidade da vida, lutaria com garra a fim de se libertar das trevas. Mas as ilusões da vida material sobrepujaram as boas intenções. A mediunidade fora completamente aviltada. Longe do trabalho no bem, fazia a corte ao mal.

– *Que espera?* – o trevoso estava impaciente.

A lua cheia iluminou os vultos enrolados de Santiago e Ângelo. Dormiam a sono solto. Era aquela a hora. Caripó se levantou... pé ante pé. Napoleão e Josefina estavam atentos, mas conheciam Caripó, e não fizeram nenhum ruído. Para maior garantia, Caripó lhes deu um bom pedaço de carne de charque já meio esverdeada. Pôs na boca do cavalo um grande pedaço de pão e, enquanto ele comia, pôs-lhe o arreio. Ajeitou as rédeas. Agora era o momento. Aproximou-se de Santiago. Mas Ângelo estava atento. A advertência de Ederaldo não fora esquecida. Ele apenas fingia que dormia:

– Queres alguma coisa aqui, Caripó?

"Maldição!" – pensou Caripó.

Não houve nenhuma resposta, mas uma investida no alforje amarrado à cintura de Santiago. Com uma faca afiada, ele tentava cortar o cordão. Santiago acordou sobressaltado. Rolaram sobre a grama. Engalfinharam-se. Ângelo não sabia o que fazer. Como defender o pai? Os cachorros começaram a latir.

No plano espiritual, a turbamulta aplaudia. Faziam apostas. Batiam palmas. Incentivavam. Tomavam partido.

Santiago, muito mais ágil, conseguiu tirar a faca de Caripó, mas este, de repente, pulou sobre ele e começou a lhe apertar a garganta. No desespero da asfixia, Santiago cravou a faca no abdômen do tropeiro. Aturdido, arrependeu-se na hora, mas a tragédia estava consumada. Ângelo gritava. O ataque epiléptico o derrubara. Napoleão lambia seu rosto e Josefina se encolhia de medo. E Caripó se estrebuchava, manchando de vermelho o verde da grama. Do corpo sem vida, a alma foi expulsa. Aguardavam-na os companheiros espirituais que sempre conviveram com ele.

Insanidade...
Pelo ouro... uma vida.
Para o assassino... mais sofrimentos.

Santiago compreendeu a loucura que acabara de fazer. Mas se justificava, afirmando que se não matasse o agressor, seria morto por ele. Legítima defesa. Mas isso não lhe serviu de alívio, pois a querela não deveria ter chegado até onde chegou.

Primeiro, socorreu Ângelo. Depois, aproximou-se de Caripó. Sentia náuseas diante daquele corpo. Chorava. Mas o mal estava feito. Não tinha ele o poder de restituir a vida do ex-amigo.

Ângelo voltou a si e, estremunhado e triste, compreendeu que o pai fora longe demais na ganância pelo ouro. Não conseguiu ajudá-lo na abertura da cova de Caripó, pois estava enfraquecido pelo ataque. E triste. E desesperançado. E desiludido.

Santiago o orientou a nada comentar sobre o acontecido. Todos viram que eles retornaram sozinhos e ninguém os incriminaria caso o crime fosse descoberto. Ratificou ao filho que agira em defesa própria, que não era nenhum assassino e que ele o perdoasse por aquilo. "Caripó, que eu saiba, não tem parentes por estas bandas. É solteiro. Ninguém procurará por ele" – concluiu Santiago.

Mas o crime já lhe fora debitado na conta da vida.

Capítulo 12

Semana Santa

Foste colocado entre obstáculos mil de natureza estranha, para que, vencendo inibições fora de ti, aprendas a superar as tuas limitações. (Emmanuel – Fonte Viva – item 61)

O Sol se despedia desenhando um cinturão dourado na linha do horizonte. Os pássaros, chilreando, procuravam o conforto dos ninhos e os bichos de hábitos noturnos já começavam a sair das tocas.

Os tropeiros, em nova viagem, preparavam-se para arranchar. As mulas foram descarregadas e alimentadas. Os cavalos se impacientavam, e Napoleão e Josefina vistoriavam o local.

Santiago abraçou o filho, que naquele dia estava fazendo treze anos. Depois da morte de Caripó, ele perdera todo o gosto por aquele trabalho. Em cada tropeiro, via Caripó, seu ventre aberto, o sangue... Nunca mais teve paz de espírito embora afirmasse a si mesmo que o culpado fora Caripó e que agira em defesa da própria vida.

– Esta será a nossa última viagem, Ângelo.

– O senhor já falou isso da última vez e não parou.

– Desta vez é sério.

Santiago havia pensado muito na vida. Estava ficando velho. As esperanças de se casar com Maria Pia estavam cada vez mais amortecidas. Depois que presenciara a infidelidade dela com Tomaz, sua paixão arrefeceu. Maria Pia havia retornado a Portugal. Não se casara com Tomaz e isso lhe dava ainda alguma esperança. Contava também com a avidez por dinheiro que tinha a bela portuguesa. Com a venda do sítio e de algumas cabeças de gado que possuía, mais a herança deixada por Alba, mais suas economias, mais o tesouro surrupiado ao Espírito, com certeza Maria Pia pensaria duas vezes antes de dizer-lhe não.

– Vamos morar no sítio?

– Não. Voltaremos a Portugal. Tu precisas estudar. Também preciso te tratar dessa estranha doença.

– Mas o senhor já me ensina! E quase não tenho tido mais ataques.

– Não te ensino o suficiente. *Oiça* bem: a vida

de tropeiro já não é fácil para quem tem saúde. E a de sitiante ou fazendeiro não foi feita pra ti.

– Pai, o senhor vai procurar a Maria Pia?

O sentimento do menino para com a eleita do pai era paradoxal. Ao mesmo tempo em que a temia, que via nela retalhos sangrentos do passado, desejava-a mais que tudo na vida.

Santiago suspirou fundo.

– Vou fazer uma última tentativa. Ainda não sei direito o que fazer.

Os tropeiros souberam do aniversário de Ângelo e vieram abraçá-lo.

Da picada principal no meio da mata, próximo da cidade de São Paulo, outra menor se ramificava. Caminhando depressa, levar-se-ia uns dez minutos para chegar a uma pequena casa de taipa em péssimo estado de conservação. Cheiro acre já se sentia nas proximidades.

Tomaz chegou ali esbaforido. De cócoras perto da porta, uma mulher índia fumava um cachimbo e espantava os mosquitos que, mesmo com a fumaça, teimavam em se aproximar. Era a índia Semana Santa, como todos a chamavam. Era moça ainda, mas tinha o aspecto sofrido de uma anciã. Seus lábios se moveram em um sorriso que não chegou a se completar.

– Semana Santa, como vai?

A índia, cuja mãe fora capturada por bandeirantes algumas décadas atrás, que nascera ali, de pai desconhecido, levantou-se. Cuspiu. Apagou o cachimbo. Depois, estendeu a mão trêmula para o rapaz.

– Que Tupã o guarde, Tomaz.

– Amém.

Entraram. A choupana era pequena e forrada de peles de animais. Em um varal estendido na cozinha, carne de charque em mantas e linguiça dependuradas atraíam moscas azuladas.

Semana Santa as espantou, mas elas teimavam em partilhar sua comida. Saíram de cima das carnes, mas passaram a sugar o chão de terra batida e molhado pela água de sangue e sal. Também dali elas foram expulsas.

Tomaz fechou a porta. Mas os desvãos entre o forro e o telhado foram logo descobertos pelas criaturinhas aladas.

– Você mandou me chamar?

– Sim, sabia que a tropa viria para estas bandas nesta semana. Alguns tropeiros pararam dois dias por aqui, por causa de um acidente com uma das mulas, então me informaram da breve chegada da tropa de Santiago.

– O que deseja? Está precisando de alguma coisa?

– Estou.

Lágrimas desciam pelo rosto da índia, enrugado precocemente.

– Precisa de mantimentos?

– O que Santiago trouxe da última viagem está quase tudo aí. Índio come caça. Quase todo mês, os caçadores trazem muita caça pra mim – e riu seu riso desdentado.

A referência a Santiago o levou a lembrar-se de Maria Pia. As horas que passaram juntos... Mal podia acreditar! "Agora, ela tem de aceitar-me como seu marido. Pena que viajamos no dia seguinte, e não tive mais oportunidade de vê-la; de falar-lhe... só sei que ela retornou a Portugal" – pensava, distraindo-se da índia.

Semana Santa percebeu que Tomaz tinha a alma ausente. Lembrou-se de sua própria mocidade. Vida de índio era diferente. Sua alma nunca tinha tempo para vagabundear nos devaneios da vida. Não sabia ler ou escrever, mas isso não a fazia infeliz, pois quase ninguém àquela época sabia.

– Tomaz...

– Diga. Estou ouvindo. Para que mandou me chamar?

– Estou ficando velha e não quero morrer com um segredo. Minha mãe sempre dizia que na sua aldeia, quando o morto levava para a sepultura algum segredo, sua alma não tinha sossego. Ficava nas mãos de Anhanguera, o demônio sem coração. Anhanguera só o libertava quando o segredo fosse desvendado.

Tomaz riu. Semana Santa, como todos os seus, era supersticiosa.

– Então, conte. Não quero que Anhanguera aprisione seu Espírito.

Sentaram-se sobre esteiras de um material grosso, sapê talvez. As moscas, sem a menor cerimônia, faziam o seu repasto no charque, cujas lágrimas salgadas já formavam um pequeno riacho sanguinolento na cozinha. Durante o dia eram estendidas para secar ao sol, mas já começava a escurecer, e elas tinham de ser recolhidas.

– Vamos lá pra fora. O cheiro dessa carne está me embrulhando o estômago... essas moscas... – disse Tomaz.

Levaram algumas peles e se sentaram nelas. Semana Santa não tinha cadeiras. Nenhum móvel. Somente o fogão à lenha. Um tronco de árvore fora deixado dentro da cozinha na construção do casebre e lhe servia de mesa. No quarto, apenas uma rústica rede e peles de animais.

Semana Santa olhou o céu: "Que Tupã me ajude."

– Você conhece bem Santiago, Tomaz? Conhece o filho dele, o Ângelo?

Tomaz estranhou. Falar sobre o rival era o que ele menos queria.

– Santiago? Conheço-o. Tropeamos juntos há algum tempo. É o chefe da tropa. Por quê? O que você tem a ver com ele?

– Não tenha tanta afobação. Vamos chegar lá. Escute com atenção o que vou revelar:

"Santiago era ainda um menino quando eu o conheci. Eu era menina também, pouco mais de treze anos e morava aqui mesmo com minha mãe Jandira. O pai de Santiago, um rico português chamado Amaro, sempre que vinha para o Brasil, encaixava-se em alguma tropa. Era muito rico e, mesmo estando a passeio, aproveitava para aumentar seu dinheiro e conhecer melhor a colônia. Dizia que talvez um dia, quando isto aqui estivesse mais civilizado, ele voltasse para montar uma grande fazenda de café e gado.

Semana Santa parou um pouco. Suspirou. Acendeu seu cachimbo. Tomaz estava impaciente. "Aonde ela quer chegar? Que tenho eu a ver com tudo isso?"

– Tenha um pouco de calma. Temos muito tempo...

– Você talvez tenha. Eu preciso voltar para o rancho. Tenho minhas obrigações e não quero ouvir reclamações de Santiago por não fazer meus deveres.

– Sei que o motivo principal é seu medo de voltar à noite. Anhangá pode aparecer, não é?

Tomaz se irritou com a índia. Mas ela acertou em cheio. Embora curioso por saber o segredo dela, que, ao que parecia, envolvia Santiago, olhava toda hora o mato fechado; ouvia uivos, pios de corujas; folhas secas que com o anoitecer estalavam e pareciam passos... Na sua infância lhe encheram a cabeça de histórias sobre mula sem cabeça, saci-pererê, boitatá... Incrível como os adultos desenvolvem o medo em nós desde pequenos. Somos embalados com cantigas como "Boi, boi, boi da cara preta..." "Bicho-Papão sai de cima do telhado..." "Dorme nenê, que a Cuca vem pegar..." e muitas outras. Hoje está em desuso, pois os pais não têm mais tempo para ninar os filhos.

Mas não podia admitir ser o medo. Era homem. E homem não tem medo. Quem disse tal inverdade?

– Fique calmo. Depois eu acompanho você até o rancho. Anhangá me conhece e não nos fará mal.

– Qual Anhangá, qual o quê! Não tenho medo de nada, não!

Semana Santa continuou:

– Numa dessas viagens, ele trouxe Santiago e disse à minha mãe:

"Jandira, será que você pode tomar conta do Santiago por uns quarenta dias?"

"Pode dispor, doutor Amaro. O Santiago parece ser bom menino. Pode fazer companhia pra minha Semana Santa."

"Por que você a chama de Semana Santa, ô mulher? Se o nome dela é tão airoso?"

"Então, não sabe que ela nasceu numa Semana Santa?" – respondeu minha mãe ao português.

Tomaz sorriu:

– Sempre me perguntei o porquê desse seu nome...

– Agora já sabe. Mas é só apelido. Meu nome verdadeiro é Noêmia. Bem, vamos prosseguir.

E continuou:

– Em má hora, o pai de Santiago deixou o menino em nossa casa. Santiago ainda não era um homem;

também não era um menino. Tupã estava fazendo dele um homem, mas... ainda não era um homem. Seu rosto estava forrado de espinhas, o que o enfeava; o cabelo era bonito. De um louro brilhante como as noites de lua cheia.

O pio agudo de uma coruja fez Tomaz levantar-se, assustado.

Semana Santa riu.

– Eu era dois anos mais velha do que ele. Também uma criança.

"Noêmia... – ele jamais me chamava de Semana Santa – vamos nadar no rio?"

"Vamos."

Saímos em disparada. Jogamos nossas roupas de qualquer maneira e nos atiramos n'água. Estávamos bem familiarizados um com o outro. O amor começava a despontar em nossos corações... Ou melhor, no meu coração.

Ficamos na água até quase escurecer. Minha mãe, preocupada, foi nos chamar e nos passou uma boa reprimenda. Quando ela se foi, com a promessa de que iríamos em seguida, o demônio Anhangá assoprou no ouvido dele, e ele me chamou:

"Noêmia..."

"Que foi?"

Ele segurou minhas mãos e me acariciou o corpo molhado. Fiquei sem jeito, mas não afastei as mãos dele.

O costume indígena, quando em aldeia, não via, nessa aproximação entre um homem e uma mulher, um ato pecaminoso, porém, mãe e filha já haviam incorporado valores dos brancos.

"Não, Santiago! Minha mãe pode aparecer."

– Então, combinamos que sairíamos no meio da noite. Às escondidas. Como dormíamos em redes, todos mais ou menos juntos, não foi difícil esperar que os roncos de minha mãe anunciassem seu pesado sono.

Tomaz estava concentrado na narrativa. A coruja piou novamente. Os uivos dos cachorros no rancho, olhando a lua cheia, chegavam até ali. As folhas ressequidas continuavam estalando... Mas nada disso agora importava.

Semana Santa continuou:

– Saímos sem fazer o menor ruído. Santiago levou uma esteira e a estendeu no mato ralo, um pouco além da choupana. Repetimos isso durante todas as noites, até que o doutor Amaro voltou com os tropeiros. Deu-nos um bom dinheiro, muita caça e se foi. E eu fiquei com a semente de Santiago no ventre.

Tomaz arregalou os olhos e não se conteve:

– Quer dizer que Santiago, desde menino, já vinha aprontando?

– Ele não teve mais culpa do que eu. Se culpa houve. Eu não me arrependi nem um pouco e sinto que as coisas não tenham sido a mim favoráveis, uma vez que nunca mais vi Santiago; ou melhor, somente de uns tempos para cá voltamos a nos ver.

– E daí? Você ficou grávida... Sua mãe...

– Fiquei grávida e isso não foi motivo de sofrimento nem para mim e nem para minha mãe. Ela me confortou. Alma nova traria felicidade a nós duas. Foi ela quem fez o parto à moda indígena. Pegou meu bebê... o pequeno Ângelo.

– O quê?! Ângelo é seu filho?! Por essa eu não esperava!

– Meu filho e de Santiago.

– Mas todos acham que ele teve aquele filho com uma portuguesa que veio com ele pra cá e que aqui morreu.

– É o que o Dr. Amaro disse pra toda gente e o fez sustentar. Era humilhante que seu filho tivesse tido um filho com uma índia. Então...

A esta altura, Semana Santa respirou fundo. Lágrimas lhe vieram aos olhos. Sugou com violência o cachimbo, virando a cabeça para soltar a fumaça na direção oposta à de Tomaz. Cuspiu. Tossiu e escarrou. Havia sangue no escarro, mas Tomaz não viu. Semana Santa estava tuberculosa. E o maldito vício do fumo tornava tudo pior.

– Continue. Como o pai de Santiago soube da criança?

– Dr. Amaro continuou vindo aqui em viagem com os tropeiros. Talvez ele e minha mãe fossem amantes. Minha mãe era lindíssima! Nunca os pude surpreender, mas ela saía com ele e demoravam a retornar. Ele provia muito bem nossa cozinha quando nos visitava e nos enchia de bugigangas baratas que minha mãe adorava.

– Bem o feitio do português da metrópole em relação aos nativos da colônia...

Entre uma tossida e outra, a índia continuou contando:

– Ele acompanhou a gravidez. Por essa ocasião, havia ficado viúvo e aproveitou a oportunidade para ficar por aqui algum tempo, até o bebê nascer. Era seu neto, dizia, e não queria que nada lhe faltasse. Mas suas intenções eram outras.

Tomaz a inquiriu com os olhos.

– Foi quando meu pequeno Ângelo nasceu

que conheci a maior felicidade e também a maior tristeza.

Semana Santa parecia exausta. Por força de tossir tanto, estava branca. Tomaz não percebeu, porque já estava escuro e fê-la continuar.

– Meu indiozinho era lindo! Minha mãe o cercava de mimos. Até que um dia aconteceu o que eu temia. O pai de Santiago simplesmente o arrebatou de mim. Chorei. Esperneei. Para meu maior sofrimento, minha mãe não interveio. "Semana Santa, é melhor assim. Como poderemos criá-lo aqui? Como um bicho do mato? Será como nós. Não aprenderá nenhuma profissão... o muito que poderá chegar é a tropeiro... É isso que quer para seu filho?"

– Os argumentos dela eram corretos, mas meu coração de mãe era egoísta e não queria aceitar. Não aceitou nunca! Até hoje, sofre. Chamei você aqui, porque quero ver meu filho antes de morrer.

– Entendo. Mas por que você fala em morte? É bem nova, ainda! Está doente?

– Muito doente. Creio que meus pulmões não suportarão o próximo inverno.

– Você está tossindo muito. Está...

– Estou tuberculosa.

Tomaz respirou fundo. Mais um pio agourento

da coruja. Estaria ela anunciando a morte daquela infeliz índia?

– Mas... por que não fala com Santiago?

– Já falei. Muitas vezes. Todas as vezes que passa por aqui com suas tropas, ele vem me visitar e traz alimentos. Sabe que estou só, que minha mãe já fez a viagem para reencontrar seus antepassados.

– E ele não faz nada por você?

– Nunca lhe pedi nada, além de poder ver meu filho. Mas ele se nega. Diz que será um choque muito grande para o garoto; que ele já tem uns ataques estranhos e pode piorar...

– Ele não tem coração? Só um desalmado pode negar um pedido justo a uma mãe que sofreu tal esbulho! Que está doente!

– Já lhe pedi, mas ele não me atende. Sei que está apaixonado por uma tal de Maria Pia, e não pensa em mais nada... Minha esperança é você. Pode me ajudar?

– Farei o possível. "Claro que farei isso. Maria Pia precisa saber o tipo de homem que é Santiago. Talvez isso a faça decidir-se por mim."

Semana Santa olhou o céu pontilhado de luzes piscantes e distantes. Lembrou a mãe e a sentiu perto de si. Podia quase vê-la todos os dias, acocorada num canto da choupana. Parece que se negava a abandonar a filha. Tomaz estava comovido. Era sensível e de bom coração.

– Que quer que eu faça?

– Quero ver meu filho. Tenho acompanhado mentalmente seu crescimento. Agora, ele já deve estar um pequeno guerreiro. Diga-me, com quem ele se parece?

– Agora que sei toda a história, sei que ele se parece com você. Sempre estranhei a cara de índio que ele tem... Desculpe-me...

– Não tem importância. Que bom que ele puxou a raça. Não me envergonho de ser índia, muito pelo contrário. O pajé vinha sempre aqui me visitar e me contava coisas...

– Que coisas?

– Dizia sempre para nunca nos envergonharmos de ser índios; que somos os nativos da terra, portanto seus verdadeiros donos... Os brancos... vocês é quem devem se envergonhar, pois nos expulsam da nossa própria terra. Desculpe-me.

– Não se desculpe, Semana Santa. Você tem toda razão.

– Tomaz, traga meu filho até aqui. Faça isso por mim.

– Pode deixar. Só não sei como. Santiago concordará? Não me esfolará vivo por eu estar me intrometendo na vida dele?

– Pelo amor de Tupã! Você é minha única esperança. Sei que não vou viver muito. Diga isso a Santiago. Ele não é mau. Tem-me provido durante todo esse tempo e nunca deixou que nada me faltasse. Creio que se ainda não voltou a Portugal é por minha causa.

– Não é mau? Dá com uma mão e tira com a outra! Que espécie de bondade é essa? Só faz isso por remorso. Quer ludibriar a consciência para dormir em paz, o safado!

A índia tem novo acesso de tosse.

– Não se preocupe, Semana Santa; trarei seu filho aqui, ainda que tenha de me atracar com Santiago.

– Obrigada. Que Tupã o proteja sempre.

– Bem, agora devo ir.

– Eu o acompanho.

Tomaz recusou. Despediu-se, mas voltou em seguida:

– Talvez, se você me acompanhasse só até perto do rancho... A mata tem lá os seus mistérios e já conhece bem você.

– Foi o que lhe disse. Tupã me protege.

Antes de sair, entrou novamente na choupana. Uma sombra estava acocorada no mesmo canto de sempre. Tinha a expressão cansada e o olhar distante. "Minha mãe, venha comigo. Também tenho medo."

Seguiram em silêncio. A índia, o tropeiro e o Espírito Jandira. As fogueiras acesas no local onde a tropa parara deram segurança ao rapaz.

– Agora pode retornar, Semana Santa. Daqui pra frente, sigo sozinho.

– Ainda não. Não se preocupe, não deixarei que me vejam.

A sombra seguia quase colada à filha. Aquela excursão a tirara de sua inércia. Não sabia exatamente o que a filha e o tropeiro fariam. Apesar de desencarnada havia algum tempo, ainda estava confusa, alternando momentos de alienação e lucidez. Era tal sua materialidade, que também Tomaz quase a via junto de si. A princípio julgou estar sugestionado. A mata, com sua linguagem, o céu nimbado de estrelas, a lua cheia... o cheiro peculiar que vinha das mulas suadas, não distantes dali, tudo era um convite ao devaneio.

De repente, um frio percorreu seu corpo. Depressa ele levou seu bentinho aos lábios. "Não devia ter saído do rancho para atender Semana Santa. Os demônios da mata se assanham. Valha-me, Deus!"

Um estranho se destacou de um grupo que se aproximava. Mas era como se estivessem todos dentro de um nevoeiro denso. Tomaz não conseguia lhes identificar os traços. Mesmo trêmulo e segurando seu bentinho, ficou parado. Só olhando. Mesmo porque, não conseguia dar um passo. As pernas se lhe travaram. Semana Santa também tremia e, qual Tomaz, não conseguia se mexer. Mas não era por medo, era pela singularidade do fato.

Pararam e ficaram como que em uma cena congelada. Estavam submetidos a uma estranha força. Tudo ao redor parecia ter parado no tempo. Somente se ouviam os sons da natureza, tão vivos àquela hora.

E Tomaz pensou que seu fim havia chegado. Pensou em Maria Pia. *"Minha amada, perdoe-me por não poder desposá-la depois de nossa noite de amor... Jamais me perdoarei por isso. Case-se com Santiago; não acho que ele se importará pelo que vivemos naquela noite que jamais esqueci..."*

O grupo parou a uns dois metros dele. Somente o que parecia ser o líder, avançou. Novamente o pio estridente da coruja seguido pelo latir dos cães que estavam bem próximos do rancho.

O diálogo insólito que se seguiu, Tomaz não pôde ouvir. Semana Santa não sabia o que pensar. Via e ouvia o Espírito que se dirigia ao Espírito desencarnado Jandira. Redobrou sua atenção, mas não entendia o que realmente aquilo tudo significava e por que ele lhe requisitava a mãe desencarnada.

– *Finalmente a encontro, Jandira. Onde tem se escondido?*

À vista daquele Espírito, a mãe desencarnada de Semana Santa se sobressaltou. Lembrou difusamente seu passado não tão distante:

– *Conheço você... De onde? O que quer de mim?*

– *Sou Ubiratã. Faça um esforço... Há muito tempo... na nossa aldeia... aquele bandeirante que se engraçou com você...*

Jandira teve um estremecimento. Sua lembrança, qual filete d'água que vai aumentando gradativamente até se transformar num grande rio, despertou.

– *Agora me lembro. Como ainda tem coragem de vir até mim?*

– *Jandira... vamos esquecer o passado. Onde esteve escondida durante esse tempo todo? Tenho procurado você por todo lado.*

– Não é de sua conta, Ubiratã. Já não basta o mal que me fez na aldeia?

– Não havia outra alternativa, Jandira.

– Ah, não? Que direitos tinha você sobre mim para vender-me ao maldito bandeirante?

– Na verdade, não foi bem assim. Ele nos mataria...

– Não. Apesar de tudo, ele era bom e não nos mataria.

– Jandira, estou aqui em missão. Para remediar o mal que lhe causei. Morri logo depois que você partiu. Muito tenho sofrido. Agora sei o quanto errei.

Tomaz resfolegava e estava inconsciente. Semana Santa estava confusa. Conseguia ouvir e ver distintamente, embora isso nunca lhe tivesse acontecido antes. A lua cheia os sondava lá de cima. Jandira olhava o desafeto com rancor:

– O que lhe aconteceu foi um castigo de Tupã. Anhanguera devia ter tomado sua alma.

– Que seja. Mas venha comigo. Vê aquelas criaturas?

– Faz parte de seu bando? Você sempre foi muito covarde para andar sozinho.

– Não me julgue, Jandira. Todos aqueles são pobres Espíritos que se encontravam perdidos, vagueando pelo

"vale da sombra e da morte". Eu os arrebanhei para encaminhá-los. Você tem ouvido falar de Jesus?

– Não me venha com...

Magnetismo do nome? A referência a Jesus serenou, de alguma forma, o coração de Jandira. Sim. Já ouvira falar do meigo rabi da Galileia. E o semblante sofrido, a fronte ostentando a coroa de espinhos, o sangue filetando o rosto cansado... tudo voltou à memória espiritual da índia.

Ubiratã continuou:

– Estou arrependido. Vamos, venha comigo. Vou levá-la a um hospital próximo à nossa antiga aldeia. Você encontrará pessoas que lhe foram queridas ao coração. O cacique, o velho curandeiro, Jurema, aquela que foi sua mãe... Todos ficarão radiantes com sua volta.

O Espírito Jandira tinha os olhos marejados de lágrimas. Quedava-se pensando em Jesus. O bandeirante que a levara chegou a falar-lhe dele, de como tinha sido sacrificado pela crueldade dos homens... de como curava as pessoas de fé. E ela passou a adorá-lo, porém, no momento de sua desencarnação, o esqueceu. Apegou-se à Terra com medo de afastar-se de sua única filha. O mundo era grande demais, e ela só conhecia a choupana onde vivera alguns dias de felicidade com o pai de Santiago.

Tomaz continuava imóvel naquele estado catatônico, e dos seus ouvidos, nariz e boca saía uma substância esbranquiçada. Fornecia ele o ectoplasma necessário à materialização daqueles Espíritos.

– *Se você pensa que conseguirá me ludibriar de novo, está perdendo seu tempo. Jamais abandonarei Noêmia, que logo passará para o nosso lado.*

– *Jandira, você me força a usar de força.*

– *Não seria covarde a tal ponto. Não acabou de citar Jesus? Acha que ele aprovaria sua atitude? Já me desrespeitou uma vez, não o fará novamente. Não desta vez. Juro que não mais me renderei à sua vontade. Lutaremos. Veremos quem pode mais!*

– *Não quer me dar a oportunidade de corrigir meu erro?*

– *Sei que o que você quer é aliviar sua consciência, mas não estou disposta a colaborar. Eu mesma cuidarei de mim.*

– *Ah, Jandira... Só quero ajudá-la.*

Ela o interrompeu, abrupta:

– *Minha vida não é de sua conta! Agora, pegue seus protegidos e sumam da minha frente!*

Ubiratã ainda tentou argumentar. Por fim, suspirou fundo:

– *Perdoe-me, Jandira.*

– Não agora. Ainda tenho o coração cheio de fel – lembrou Jesus e pensou: Talvez algum dia.

Jandira não perdoou seu desafeto da última existência. A alma rebelde acumula sofrimentos para si mesma. O rancor, o ódio, toda negatividade, pesam na alma; são lastros que nos impedem de voar; são espinhos a nos dilacerar. O ódio prepara a cama para o sofrimento se deitar. E o sono da ignorância não tem data para acordar. O ódio também une. Jandira ainda precisava do aguilhão da dor para rever suas atitudes bélicas.

Quando Ubiratã e seus protegidos se foram, Tomaz voltou ao normal. Ainda segurava seu bentinho rente ao peito. Estremunhado, esfregou os olhos. Seus membros inferiores estavam amortecidos e levou algum tempo para obedecê-lo. O Espírito Jandira o olhava e gostaria de ter poder para ajudá-lo, porém, não ajudava nem a si mesma. Semana Santa estava aturdida:

– Não sei o que se passou aqui. Mas era com minha mãe que aquele Espírito falava. Pelo que entendi, ele veio buscá-la. Não sabia que ela estava comigo desde que morreu.

– Mas você viu o Espírito? Como?

– Eu o vi como se vê alguém vivo. Vi também os outros que estavam com ele, mas estes muito confusamente. Às vezes, quase desapareciam como se apagassem para logo depois se acenderem novamente.

– Semana Santa, eu nada vi ou ouvi. Confesso que estou com medo.

– Quer que eu prossiga com você?

– Não. Já vejo as fogueiras acesas no rancho. Pode voltar.

– Não esquecerá meu pedido?

– Não.

– Então... que Tupã o proteja.

– Amém.

O latido dos cães no rancho foi música para seus ouvidos. Aquilo era real. Concreto. A raiva contra Santiago o fez se esquecer do estranho acontecimento. Caminhou rápido para vencer a pouca distância que o separava do rancho.

Santiago o olhou, cheio de raiva:

"Aonde terá ido esse infeliz? Será que ele e Maria Pia estão se correspondendo? Aquela desqualificada! Mas eles não perdem por esperar. Antes de chegarmos a São Paulo, acabo com a vida dele. Eu juro!"

Santiago era um vulcão prestes a entrar em erupção.

Tomaz retribuiu o olhar. Sentiu a animosidade vinda do rival. A raiva quase o sufocou, não só por Maria Pia, mas pelo que ele tivera coragem de fazer com a pobre índia que estava à morte.

"Se eu o matar esta noite, poderei entregar Ângelo à mãe. Mas que digo! Não sou assassino! E Ângelo precisa do pai, pois Semana Santa está com os dias contados."

Os Espíritos arruaceiros não gostaram daquela decisão. O Espírito Jandira também não queria paz, e, sim, guerra.

Você é um tropeiro ou uma donzela, Tomaz? Vai se deixar levar por escrúpulos tolos? Não sabe que ele está premeditando a sua morte? Mate-o, antes que ele mate você!

Somos os fazedores do destino. O hoje dependeu do ontem. O amanhã dependerá do hoje. Livre-arbítrio. Coerência divina. Se ainda não compreendemos é porque temos a alma imatura.

Desta vez, Tomaz não se deixou imbuir. Sua alma estava vigilante. "Vigiai e orai". A lembrança do que lhe acontecera ainda há pouco, havia lhe dado certeza da continuidade da vida. Com a disposição de resistir ao mal, pôde ouvir distintamente a voz do Espírito:

Escolheste bem o teu caminho. Não dês ouvidos às

trevas, pois que de trevas é feita a existência daqueles que atentam contra a vida. Jamais tomes a justiça em tuas mãos, pois não sabes o que te aguarda na próxima curva do caminho.

Tomaz sentiu branda aragem a acariciar-lhe o rosto. O cicio daquele Espírito bondoso, que outro não era que não Ederaldo, o mesmo que sempre acompanhava a tropa, acalmou sua alma angustiada. Continuava ele no seu papel de protetor. A turbamulta não sabia o que fazer para se livrar dele. Estavam discutindo quando notaram Jandira que, mais senhora de si, não acompanhara a filha de volta à choupana.

– Que faz aqui? Vejo que também quer justiça. Una-se a nós – disse um Espírito infeliz.

– Quero é paz... mas...

– Mas o quê?

A índia lembrou Jesus qual o imaginava pela narrativa ouvida há tempos: um pajé de olhar brando, cocar de luzes, piedoso, curando os doentes de sua tribo. Então, seu coração se abrandou.

– Mas... o quê? – tornou o avejão, impaciente.

Ela não respondeu. Pensou na filha e em poucos minutos estava com ela na choupana.

Um trevoso tentou envolver Tomaz. Ederaldo, de longe, o envolveu.

"Chega de tanto ódio. Falarei com Santiago como bom cristão que sou. Ele haverá de levar Ângelo à sua mãe" – pensou Tomaz.

– *Hoje, Tomaz nos escapou* – disse o líder dos trevosos – *mas amanhã, começaremos o assédio novamente. Ele não é tão forte assim.*

Capítulo 13

A revelação

Nada permanece oculto por muito tempo. A verdade sempre surgirá para benefício da justiça.

Jandira encontrou Semana Santa em uma nova crise de tosse. Aproximou-se, amorosa e triste. Tanto queria ajudar a filha, mas não se ajudava nem a si mesma. Tivera a oportunidade de seguir adiante com a ajuda de Ubiratã, mas por orgulho e resquícios de vingança, preferiu ficar ali.

Aproximou-se da filha, mas seu choro e sua revolta mais prejudicaram a doente, que sentiu seus fluidos nocivos. "Minha mãe, cure-se primeiro. Só assim poderá me ajudar. Sei que em breve estarei no seu mundo e gostaria de contar com sua ajuda... porém... acho que eu é que terei de ajudar você. Pobre mãe".

Jandira se afastou. O que menos queria era prejudicar a filha doente. As palavras de Ubiratã ainda queimavam em sua mente. Foi então que pensou em Deus. *Tupã, pai misericordioso, sua guerreira está aqui. Não quero guerrear homens, mas guerrear o mal que existe em mim. Ajude-me* – e lágrimas incontidas e silentes desceram pelas faces desvitalizadas.

As palavras, a prolixidade ou a cultura são o que menos conta em uma oração. A prece dispensa palavras. O que vale é o sentimento com que é proferida. Sentimento é tudo. Então, a prece de Jandira foi recolhida, e o amparo não se fez esperar.

Acalme-se, Jandira. Sabemos de sua luta. Felizmente, hoje, você abriu a porta de seu coração. Vamo-nos daqui sem demora.

Mas... e minha filha? Ficará aqui sozinha? Sem amparo?

Quem disse que ela está sem amparo? Jesus não abandona nenhuma ovelha de seu rebanho, minha irmã. Confie nele. Cada um de nós tem seu programa de vida. Agora vamos. Noêmia precisa de paz, vive seus derradeiros momentos na Terra.

O amor é persistente. Quem aguardava perto da choupana para falar com ela? Era Ubiratã. Havia se decidido a ajudá-la, ajudando-se a si mesmo, pois há muito não tinha paz de consciência. Precisava do perdão da índia para libertar-se.

Ao vê-lo, Jandira teve um momento de indecisão, mas o Espírito a lembrou: *Aquele dentre vós que estiver sem pecado, que atire a primeira pedra.*

A índia só conhecia Jesus pela descrição do bandeirante, mas, mesmo assim, sensibilizou-se.

Ubiratã se aproximou e ajoelhou aos seus pés:

– Jandira, sei que sou um pecador. Na aldeia, não conhecíamos Jesus, mas agora sei que ele está perto de todos; que é filho de Tupã e que está mesmo entre os que o desconhecem. É nosso irmão maior, nosso leme, nosso arrimo. Aprendi a respeitá-lo e a contar com ele em minhas necessidades. É em nome dele que lhe imploro seu perdão.

A índia consultou o próprio coração. Nele já não havia ódio. Só esperança. E essa esperança foi buscar a serenidade para a alma.

– Ubiratã... também acabo de compreender que a nós não compete julgar e que todos temos errado na vida. Levante-se. Sigamos nosso caminho. Eu o perdoo como Jesus perdoou seus perseguidores.

O Espírito amigo, que viera ampará-la, os esperava. Estava feliz. A luz, mais uma vez, vencia as trevas.

Enquanto isso se passava na choupana, Tomaz enfrentava a fúria de Santiago:

– Quem te autorizou a intromissão na minha

vida? Fora daqui antes que eu me arrependa de não ter ainda te matado!

– Santiago, tu usas a arma dos incompetentes; daqueles que sabem que estão errados e, por isso mesmo, não querem dialogar. Sabes que Semana Santa está à morte, e não te sensibilizas. Que te custa levar o Ângelo até ela? Perdeste de vez os bons sentimentos?

– Cala-te, já disse. Não tenho de te dar satisfação da minha vida!

– Tu não podes negar a uma mãe agonizante seu último desejo. É desumano demais! Semana Santa quer conhecer o filho, e tu lhe deves isso!

– Ela viveu até aqui sem conhecê-lo. E isso não é de tua conta. Sai daqui antes que eu faça uma besteira.

Os outros tropeiros se aproximaram. Estavam curiosos para ver o fim daquela quizila. Napoleão e Josefina latiam. Tião Matuto ria e aplaudia.

Então, os Espíritos arruaceiros chegaram e envolveram Santiago.

A belicosidade da alma abre as portas para as desgraças. Santiago viu tudo negro à sua volta. Puxou a faca e se atracou com Tomaz. Tinha a força de mil demônios. Foi, então, que Napoleão abocanhou sua perna. Nesse vacilo, Tomaz o desarmou. Santiago chutou violentamente o cachorro e foi cuidar do ferimento que sangrava.

"O que deu nesse maldito cão?"

Deu-se o seguinte:

Uma das sombras se postou na frente do cachorro. Já foi provado que muitos animais podem ver Espíritos e se influenciarem com eles. Por si só, aquela entidade era... perdoem-me... repulsiva. Saltando feito um dementado na frente de Napoleão, tornou-se mais medonho e conseguiu excitar o animal, que partiu para cima de Santiago, mordendo-o.

Os espectadores riam e comentavam. Para quem nunca se divertia, aquilo era um prato cheio.

Tomaz estava mesmo decidido a cumprir a promessa feita para Semana Santa. Ângelo – só agora ele se dava conta – havia ouvido tudo e, perplexo, inquiriu-o:

– Tomaz, repete-me o que disse ao meu pai.

– Ângelo, desculpa-me. Tu tinhas o direito de saber, mas não desse jeito...

– Já não importa. Vamos logo. Fala de uma vez.

– Ele nada tem a te dizer, meu filho – disse Santiago, vermelho de cólera e ainda mancando a perna mordida por Napoleão.

– Pai... quem pensas que sou? Algum matuto idiota? Surdo?

Antes que alguém abrisse a boca para falar, o

garoto teve uma crise epiléptica. Rolou ao chão. Sua baba se misturou à poeira e virou um barro úmido. O suor tornou úmido o seu rosto. Santiago correu a ampará-lo.

– Ângelo! Perdoa-me, meu filho – e virando-se para Tomaz – Sai daqui. Vê o que causou? Estás satisfeito agora, seu filho do cão?

O Espírito Ederaldo ajudou Ângelo que, estremunhado, levantou-se algum tempo depois. Triste. Humilhado. Desceu até o rio para se lavar. O pai seguiu junto. Ainda tremia de cólera. Depois que ajudou o filho a se banhar, vestiu-o. As marcas de nascença estavam mais escuras e sensíveis, pois o garoto reclamou quando o pai passou a grossa toalha para enxugá-lo.

Aquele filho era tudo o que ele tinha, embora, muitas vezes, quisesse vê-lo morto. Mas era só quando pensava em Maria Pia. Depois, arrependia-se e acusava a mulher de tê-lo enfeitiçado.

– Pai, vais me contar ou terei de pedir a Tomaz?

– Senta aí, filho. Vou te contar tudo e espero que compreendas. Não tive culpa pelo sucedido. Era quase tão criança quanto tu. Quinze anos eu tinha! Meu pai foi quem decidiu tudo.

– Agora já não importa de quem é a culpa. Tomaz falou de minha mãe... Uma índia... Sempre pensei que Alba...

– Na verdade, a tua mãe foi mesmo Alba. Ela que te criou e sempre te amou. Tua mãe biológica não teria feito tanto por ti como ela fez.

Santiago contou tudo ao filho.

– Quero ver imediatamente minha mãe. E é claro que ela me amaria muito se não me houvessem tirado dela! Vamos vê-la agora mesmo.

– Filho, já é tarde. Vamos deixar para amanhã. Ela deve estar dormindo a esta hora, e não é justo perturbarmos o sono de uma doente.

– Não importa. Tomaz disse que ela está à beira da morte e quer me conhecer. Amanhã poderá ser tarde demais... – a garganta se contraiu, e ele não pôde dizer mais nada. Chorou. Também Santiago trazia os olhos marejados de lágrimas.

A Lua iluminou o caminho até a choupana de Semana Santa. Santiago empurrou a porta, que se abriu sem ruído. O cheiro das carnes dependuradas feriu o olfato de ambos. Podia se ouvir a respiração opressa da índia.

– Quem está aí? – perguntou num sussurro.

– Santiago, Noêmia. Trouxe alguém comigo.

– Acenda o lampião, Santiago.

Ângelo tremia. Ainda não estava refeito da crise de há pouco. Sentiu seu coração bater, arrítmico. Aproximou-se da rede. Quase não acreditou que aquela mulher franzina, de longos cabelos negros e lisos, fosse sua mãe biológica. Ela se levantou com a ajuda de Santiago. Olhar encovado sobre o filho que revia depois de tantos anos. O coração se agitou no peito, e as lágrimas desceram.

Ângelo se emocionou. Quis abraçá-la, mas Semana Santa o proibiu:

– Não se aproxime, meu filho. Estou muito doente e não quero lhe passar a maldita doença. Fique aí mesmo. Quero gravar em minha alma esse rosto... esses olhos... Não chore. Quero ouvir sua voz. Chame-me de mãe, ainda que seja pela primeira e última vez.

Ângelo lhe fez a vontade. Repetiu baixinho: mãe... minha mãe...

Uma crise de tosse da índia o interrompeu. Ela cuspiu num vaso de barro, e Santiago viu que havia mais sangue do que mucosidade.

Ângelo não sabia o que fazer ou dizer. Uma dor fina invadia sua alma. Sofria. Amadurecera dez anos naquele momento.

– Meu filho... continue falando comigo... quero ouvi-lo... Tenho-o amado em todos esses anos e não quis partir sem lhe dizer isso.

– Mãe... Eu não sabia. Se soubesse já teria vindo aqui antes. Meu pai nunca me contou. Só soube agora – e, virando-se para Santiago, o olhou com desespero. Queria dizer-lhe mil coisas, mas o respeito filial o inibia. Semana Santa leu sua alma:

– Meu filho, não condene seu pai. Ele era ainda uma criança quando seu avô decidiu tirar você de mim. Mas agora, vejo que ele tinha razão. Como uma pobre índia sem eira nem beira poderia lhe criar?

– Sim, mas depois, ele bem poderia ter me contado a verdade. Poderia fazer muito mais: poderia ter levado a senhora para morar conosco. Minha mãe Alba morreu logo que aqui chegamos.

Disse tudo sem olhar para o pai, que soluçava baixinho.

– Agora tudo já passou. Não podemos modificar o passado – disse Santiago.

A índia gemeu. Estremeceu um pouco e se cobriu com um xale, apesar do calor. Depois, perguntou ao filho:

– Ângelo, você ainda tem as marcas de nascença?

– Sim. Elas doem de vez em quando. A senhora sabe por quê?

– Sei. Só não sei se devo lhe contar...

– Por favor, mãe... Quero saber o mistério delas.

Santiago a olhou espantado. Ela continuou:

– Meu filho... no primeiro banho que sua avó Jandira lhe deu, ela notou essas marcas. Ela falava com os Espíritos, sabe? Também via e falava com os Espíritos da mata... Foi um cacique falecido quem contou a ela que...

Novo acesso de tosse. Ângelo quis perguntar sobre os tais Espíritos da mata, pois se lembrou do gnomo que o seguira até Minas Gerais em uma das viagens. Mas nada perguntou, pois não quis desviar o assunto. A mãe poderia morrer a qualquer momento.

– Fale mãe. O que o cacique revelou?

– Ele disse que, em sua existência anterior, você foi morto a golpes de punhal. Foi muito traumatizante para você, e as marcas ficaram, pois eram alimentadas por suas insistentes lembranças.

– Elas doem de vez em quando. Mas nada que me incomode tanto.

Santiago teve um estremecimento. Sua alma voltou no tempo e lá encontrou Afonso esvaindo-se em sangue. Mas foi apenas um momento. A cortina se fechou rapidamente.

Semana Santa fez uma cruz no ar como tantas vezes vira um jesuíta fazer:

– Apegue-se a Jesus. Ele é a salvação de todos nós, conforme me disseram. Agora... Adeus...

– Semana Santa, você vai ficar boa. Prometo que... – o tropeiro não conseguiu terminar. Lágrimas rolaram pelo seu rosto.

– É muito tarde, Santiago. Para mim não existe futuro. Mas estou bem. Agora que revi meu filho, que sei que ele amará a minha memória, partirei em paz. Tupã me receberá.

Ângelo e Santiago se calaram. A presença da morte era ali quase visível. Semana Santa se deitou e ficou imóvel. Fechou os olhos, mas estes choravam mesmo fechados. O "anjo da morte" se aproximou. Olhou o corpo desvitalizado que se rendia e sua missão estava cumprida. Servira de roupagem àquele Espírito e agora voltaria à terra, devolvendo a ela as substâncias que lhe pertenciam. O Espírito... esse, seguiria seu eterno caminhar em busca da perfeição. Uma existência... apenas um suspiro na eternidade.

A choupana estava em silêncio. O corpo teve um espasmo. Depois outro. Os olhos, de repente, abriram-se desmesuradamente e depois se fecharam. Não mais se abririam naquela existência. A morte entrara e cumprira a sua missão.

Mas o descanso final ainda não se faria. Era preciso recordar: Semana Santa se viu projetada no espaço. Depois, reviu toda a sua vida desde que se conhecera por gente na choupana, junto à sua mãe Jandira. Por que fora separada do filho? A pergunta lhe repercutia no imo do ser. Injustiça? Onde estava Tupã, que permitiu tamanha maldade? Ângelo... seu pequeno guerreiro arrancado aos seus carinhos!

Nada por acaso. Acaso não cria seres inteligentes, porque acaso não tem inteligência.

Justiça.
Coerência.
Equilíbrio com a lei divina.

O que só o Espírito Semana Santa viu:

Uma mulher saía sorrateiramente com um embrulho nos braços. Era um bebê que fora arrancado dos braços da mãe. Outra não era a ladra, que não ela mesma, em uma existência passada. Roubara o bebê de sua senhora para vendê-lo a seu amante que, por sua vez, o venderia ao seu senhor, cuja esposa não concebia. A mãe, enlouquecida de dor, morrera amaldiçoando a serva.

Semana Santa percebeu que os "acasos" da vida são os encontros marcados para acertos de conta; para reequilíbrio com as leis desrespeitadas. Simplesmente ação e reação. Plantio e colheita.

Aquele Espírito havia reparado seu erro. Provara do mesmo veneno. Castigo? Não! Apenas justiça. Resposta implícita na Lei violada.

A choupana de Semana Santa ficara lá como uma lembrança dolorida para Ângelo. Em quase todas as viagens, a tropa ali parava para descansar. Ângelo e Santiago enterraram o corpo da índia perto do rio, sob uma frondosa árvore. Uma cruz tosca foi ali colocada, e sempre que por lá passava, Ângelo colocava nela flores silvestres e orava a Deus por sua paz.

Capítulo 14

Inusitado encontro

A irreflexão de um minuto gera séculos de dor.

Santiago e sua tropa ainda não haviam levantado acampamento. Uma tempestade os havia retido ali por mais tempo do que desejavam. Nesta viagem, Santiago não queria levar Tomaz, porém a ideia de matá-lo ainda estava viva em sua mente.

Sem tardança, distribuiu tarefas e em pouco tempo tomavam a primeira refeição do dia: pão endurecido, linguiça seca, semelhante a salame, e café. Quase que às escondidas, Santiago tirou de sua bruaca um pedaço de carne seca aferventada e o depositou no prato de Ângelo.

Ninguém pareceu notar aquele gesto carinhoso do pai para com o filho. Ao se deparar com o olhar agradecido de Ângelo, algumas lágrimas alumiaram seus olhos. Era Santiago feito de guerra e paz, luz e treva.

Alguns desencarnados ociosos também despertaram. Não tinham nenhuma perspectiva de coisa melhor a fazer e se ocupavam de viver a vida alheia, esquecidos de que um dia Deus lhes pediria conta da deles.

Ângelo chamou Napoleão e Josefina e lhes deu parte do seu pão com linguiça seca. Tudo foi engolido às pressas, pois talvez soubessem que nova porção não viria tão cedo.

As mulas, já carregadas, ainda pastavam o capim molhado da madrugada. Os pássaros já iniciavam a cantilena diária, e o Sol estendia longos braços que bailavam entre as árvores ralas, prateando seus galhos.

Santiago não mais se aproximara de Tomaz ou conversara com ele após saber que ele estivera com sua amada. Tomaz, embora não guardasse nenhum ressentimento, nada fazia para voltar à amizade antiga que, aliás, nunca fora muita. E, bom coração, nunca guardava ressentimentos por mais de um minuto. Era assim o jovem Tomaz. Uma tempestade de verão, com muito vento, granizo e trovão, mas que não durava mais do que alguns segundos.

Ângelo se dirigiu ao rio para pegar água e o encontrou por lá.

– Oi, Tomaz. Não temos conversado muito.

– E estamos sempre no mesmo caminho, indiozinho trabalhador.

Ângelo se lembrou da mãe índia e suspirou fundo.

– Não tive tempo para lhe agradecer quando meu pai me puxou pelas orelhas na viagem anterior.

– Não precisa agradecer, não, Ângelo, mas não deixe seu pai lhe bater. Você já é um homenzinho e tem que se fazer respeitar! Mesmo sendo ele seu pai, não tem esse direito!

– Já fiz treze anos. Ele pensa que ainda sou um bebezinho!

– Ângelo, seu pai tem comentado alguma coisa sobre Maria Pia?

– Comentar, comentar, não comentou, mas...

– ... mas o quê?

– Ele fala dormindo e repete mil vezes o nome dela. Acho que tem intenção de se casar com ela. Você também gosta dela, não é, Tomaz?

– Muito.

– Eu não – Ângelo mentiu.

– E por que não?

– Não consigo saber os detalhes, mas alguma coisa ruim aconteceu entre mim e ela.

– Quando? Até onde sei, vocês nunca se falaram. Ou já?

– Só nos falamos com o olhar.

– Que história é essa? Bebeu da cachaça de seu pai?

– Vai me dizer que você nunca falou com os olhos?

– Eu já. Muitas vezes, mas você... o que pode saber dessa linguagem muda?

– Sei muito mais do que você imagina.

Tomaz o olhou. Convivia com o garoto há uns três anos. Não é que não o vira crescer e criar asas? Não é que estava se tornando um jovem robusto e bonito? Índio com português... Que mistura!

Realmente, Ângelo crescia depressa. Era uma mistura de Semana Santa e Santiago. Com treze anos, parecia ter bem mais. Não era à toa que, nas vilas, as meninas já se assanhavam com ele.

– Então... quem diria! Mas me explique direitinho essa "prosa" com os olhos. Também... que história é essa de já ter acontecido algo ruim entre vocês?

– Mas não foi neste passado, ou seja, no passado desta vida.

– E por acaso já teve outra vida, ô destrambelhado?! Venha cá. Quero cheirar sua boca, pois acho que você está embebedado! Outra vida... Que imaginação!

– Nunca pus cachaça na boca. Ahn... Não sei de nada. Como explicar uma coisa que nem eu entendo bem? Isso de outras existências quem me falou foi a voz.

– Que voz, santo Cristo?

– É uma voz suave. Acho que é do meu anjo da guarda.

– Humm... humm... – resmungou Tomaz. – Em seguida, perguntou: Mas essa linguagem dos olhos, essa prosa com Maria Pia... Ela entende você?

– Acho que ela não entende, não, pois me retribui com medo.

– Ora essa, ó gajo! – disse Tomaz imitando Santiago e rindo. – Não me confunda. Por que a Maria Pia teria medo de um pirralho como você? Ora, pois!

– Também já pensei nisso. Mas que tem... tem. Por isso, acho que é coisa de outros tempos...

– Não sei de onde você tira essas coisas...

O passado no presente? Acontece mais do que imaginamos.

Era noite, e estavam os tropeiros todos arranchados. Partiriam pela madrugada a fim de pegar o menor calor possível.

Ângelo e Tomaz ainda conversavam. Santiago odiava ver o filho relacionar-se tão bem com o rival. Mas não o proibia. E os cochichos seguiam noite adentro até que todos adormeceram.

Então, alguém chegou. Ângelo, em corpo perispiritual, pois que dormia naquele momento, assustou-se.

Então... enfim, encontro-os.

Ângelo quis gritar, mas a voz não saiu. Quis correr, mas as pernas estavam enraizadas. Conseguia apenas mover a cabeça.

Quem é você? – Ângelo quase gritou.

Não me reconhece?

Deveria?

Claro, pois ajudou seu pai a roubar-me o oiro.

Então, Ângelo compreendeu.

Tenório?!

Sim. Estou aqui com o Vesgo.

O amigo que você matou para roubá-lo, não foi? – perguntou Ângelo ousadamente.

Ele mesmo. Também quer se vingar de seu pai – respondeu Tenório.

O leitor poderá estar se perguntando como alguém com tanto medo poderia entreter um diálogo e peitar um Espírito belicoso. É claro que Ederaldo estava por trás disso e o ajudava.

De repente, nova surpresa: Santiago, em corpo perispirítico, entra na conversa. Enquanto o corpo material dormia profundamente, ele fora levado até ali por Ederaldo.

Ora pois... se não é o Santiago!

Que queres? Se vieste me cobrar, nada te devo. Nem a ti e nem a Adão.

Quem você quer enganar? É claro que nos deve. A mim e ao Adão, aqui.

Mas não fui eu quem te roubou. Foi Caripó. E ele também está morto.

Caripó... Este está morto também, mas não perde por esperar. A vez dele chegará. Assim que lhe botarmos a mão...

Mas afinal, o que tu queres? Posso te devolver o oiro, *mas o que vais fazer com ele?*

Não... Não precisa me devolver agora. Vai devolver com juros daqui a pouco tempo.

Não estou a entender nada! Pra mim, endoidaste!

Vou lhe deixar em paz, mas tem uma condição. E caso você não a aceite, vou acabar com sua raça! Deste lado, tenho muitas vantagens. Posso estar perto de você quando e quanto quiser. Eu o verei o tempo todo enquanto você não me verá. Até que não é mal ser alma penada.

Demônios! Qual condição?

Tem que se casar logo e receber-me como filho.

Santiago estremeceu ao ouvir tal sugestão.

Nem morto te quero como filho! E quem disse que tu podes voltar daí? Essa viagem não tem volta, ó gajo! Por acaso o demônio vai te soltar?

Você não conhece nada daqui! Pensa que sabe muito, mas é um ignorante do mundo deste lado de cá. Eu também pensava assim e estou até agora espantado! Não sei bem como isso se dará, só sei que podemos voltar – e, mais sério, acrescentou: *Você já leu a Bíblia? O Novo Testamento? Lembra-se da conversa de Jesus com o rabi Nicodemos? Aquela história de precisar nascer de novo? Voltar ao ventre da mãe?*

Deus me livre!!!

Deus não vai livrá-lo, não! Só assim meu oiro *voltará a mim. Não acha muito justo? Não acha que Deus é um bom juiz?*

Ângelo ouvia tudo, mostrando naturalidade. Quando se afrouxam os laços físicos por efeito do sono, conseguimos entender melhor a vida espiritual.

Ederaldo se aproximou de Santiago: *Não tente se*

enganar, meu amigo. É justo. Você se ligou a eles, agora aguente firme.

O mal.
Quem o faz, liga-se a ele.
Inexorável é a justiça.

Tenório ainda não havia acabado e disse:

– *Não está ligado só a mim, mas também ao Adão aqui. Você é nosso guardião do* oiro *e temos muito, aí investido. Faça-o render bem até tomarmos posse dele novamente, que muito trabalho nós tivemos para achá-lo e separá-lo dos cascalhos.*

E gargalhou.

Santiago ia dizer alguma coisa quando Ederaldo o envolveu novamente: *Santiago, agradeça a Deus a oportunidade que Ele lhe dá de poder devolver de forma honrada o que roubou deles.*

Estou a falar a verdade. Eu não roubei! Só encontrei o tesouro!

Até aí, entendo. Mas, depois, apegou-se tanto a ele, que matou Caripó. Complicou ainda mais sua já complicada vida.

Foi Caripó quem procurou a morte. Eu só me defendi!

Ele nada mais queria do que o outro alforje. Se você compreendesse as ilusões da posse material, não teria chegado ao extremo a que chegou.

Oiça... Não me considero culpado.

Santiago, a justiça tem caminhos que nos são defesos – disse Ederaldo.

Do que estás a falar?

Você, Adão, Tenório e Caripó já estiveram ligados em outras existências. Não sabe que sempre nos encontramos com os desafetos para tentar o reequilíbrio?

Não estou a entender nada...

Em um passado remoto, vocês foram irmãos e estavam reencarnados no Japão. Seu pai era um daimiô[13]*. Você era o filho mais velho. O pai de vocês morreu, e você, como primogênito, ficou com o cargo dele. Iludido pelos bens que possuía, foi eliminando um por um todos os seus irmãos: Adão, Tenório e Caripó, evidentemente com outros nomes. Sua mãe morreu de desgosto.*

Devo estar a sonhar... Não me lembro de nada disso!

Não acha que estou mentindo, acha?

Santiago se calou. Todos estavam quietos, ouvindo o Espírito conversar com o tropeiro.

---

[13] Antigo nobre japonês que recebia do imperador o governo de um território. (N.A)

Santiago, você, naquela existência, morreu vítima da perseguição espiritual deles, que não descansaram enquanto não o puniram. É bom que saiba que Maria Pia o ajudara indiretamente nesses crimes, tornando-se sua cúmplice. Também ela terá de reparar o erro.

Mas... se meus antigos irmãos me puniram... Então, desse crime já recebi castigo.

Não. Não recebeu.

Mas se eles me mataram...

Eles o mataram sim, mas não puderam aprisioná-lo. Você sempre foi intelectualmente mais desenvolvido e contou com a ajuda de vários Espíritos amigos aos quais tinha ajudado e que lhe eram agradecidos. Sua sorte foi ter feito muita caridade entre o povo carente. Então, foi fácil fugir da perseguição deles. Enquanto eles ficaram perdidos lá pelo Japão, sem saber como localizá-lo, você foi para Portugal. Lá, reencarnou mais duas vezes, tornando-se um desconhecido deles. Não conseguiu ser feliz nessas duas existências devido às mortes que carregava no inconsciente. Ainda assim, não saldou a dívida. Sua conta cresce a cada existência, e nem os juros está conseguindo pagar.

Muda-se de país.
Muda-se de casa.
Muda-se de vestimenta física.

Mas o agente espiritual é o mesmo. A dívida continua.

Santiago ouvia tudo, apalermado.

Finalmente, a vida deve reuni-los novamente. Você e Maria Pia terão oportunidade de devolver-lhes tudo que lhes roubaram. Ação e reação. Você ainda muito ouvirá falar sobre isso. Lembra-se da promessa do Cristo Jesus?

Não estou a lembrar de nada disso.

Pois ele disse: *"Eu vou para o Pai, mas não vos esquecerei. Enviar-vos-ei um CONSOLADOR que ficará para sempre convosco".*

Santiago pensava. O Espírito continuou:

Tal Consolador chegará à Terra em meados do século XIX e impulsionará a Humanidade. Ninguém, depois dele, poderá alegar ignorância das leis de Deus. Esse Consolador também terá a missão de recordar as lições de Jesus, hoje, um tanto esquecidas e deturpadas.

E Santiago se dispôs a retirar as muitas promissórias que tinha no banco divino. Desfechada a ação, a reação poderá não nos atingir na hora, porém, cedo ou tarde somos chamados à quitação. A justiça é inexorável, embora aja sempre com amor.

Ângelo ficou reticente... Aqueles três seriam seus irmãos futuramente? Tal ideia não lhe agradou nem um pouco.

Tenório e Adão estavam satisfeitos. Quanto a Caripó, Ederaldo se incumbiria de trazê-lo ao grupo. A vida dá muitas voltas...

Vamos lá, ó gajo. É pegar ou largar, disse Tenório. Ou devolve o oiro *que nos roubaste, ou não terás paz para gozá-lo. Como da outra vez, acabaremos com sua carcaça. Ah, ah, ah...*

Santiago aceitou. Mas também impôs uma condição:

Terás de convencer Maria Pia a aceitar-me como marido. Só com ela me casarei e poderei vos receber como filhos.

Pra mim está bem. Pra Adão também deve estar, não está, Adão?

Está. Mas temos de ver logo a portuguesa para intimá-la também.

Convencer Maria Pia vai ser moleza. Conheço a rapariga – começou a fazer uma pilhéria de mau gosto, mas Vesgo o lembrou:

Veja que estás a falar de nossa futura mãe! – e riram.

No íntimo, Santiago achava que tudo o que vira e ouvira não passava de algum truque ou feitiçaria, por isso, prometeu sem muito pensar.

Mas o pacto foi selado.

No dia seguinte, somente Ângelo se lembrou do

ocorrido durante a noite. Teve certeza de que não fora um simples sonho, mas um vaticínio. Contou a Tomaz, afirmando que muito em breve o pai deveria se casar.

– Não sendo com Maria Pia...

– É com Maria Pia.

Capítulo 15

Relembrando compromissos

Não retribuindo mal por mal, nem injúria por injúria; antes, pelo contrário, bendizendo; sabendo que, para isso, fostes chamados (I Pedro, 3:9.)

Mais três anos se escoaram pela ampulheta do tempo. Santiago continuava sonhando com a volúvel portuguesa enquanto seguia com a tropa por caminhos íngremes e despovoados. Ainda havia esperanças, pois ela retornara à Portugal, mas estava solteiríssima. Desistira completamente da ideia de matar Tomaz. Prevaleceu o bom senso: "Mulher nenhuma no mundo vai me tornar um criminoso novamente" – estaria esfriando o amor pela bela portuguesa que, agora, na flor da juventude estava ainda mais formosa?

Amadurecimento.
Crescimento.
Aflorar das responsabilidades.

Naquela noite, Ângelo, tão logo adormeceu, viu-se em uma planície extensa, juntamente com uma multidão de almas. Encarnados e desencarnados se quedavam ali, silenciosos. Alguns choravam discretamente.

Um grande rio cortava a luxuriante vegetação. Uma criatura etérea o conduziu a um banco. Ele não se admirou e reconheceu aquele lugar. Já estivera ali por mais de uma vez. Só não lembrou quando e em que circunstância isso ocorrera e, imerso em seus pensamentos, assustou-se quando uma criatura diáfana tocou seu ombro:

– *Ângelo, preste muita atenção no que ouvirá. Sabemos que você, bem como quase todos que aqui estão, tem fome de saber; que está convivendo com seu problema sem se revoltar e que tem as melhores disposições para enfrentar as dificuldades. Talvez não saiba, mas o futuro lhe reserva muitas surpresas. Você terá oportunidade de reequilibrar-se com a Lei que um dia desrespeitou, pois Deus é pai amoroso e em sua justiça age sempre com amor. Dá-nos sempre oportunidades de voltar e consertar o erro e nada está irremediavelmente perdido. Como afirmou seu filho maior, Jesus, não haverá nenhuma ovelha perdida no rebanho. Hoje, você não pode compreender muito bem, mas confie e siga sem esmorecimento. Sua memória espiritual lhe abrirá agora uma fresta.*

O menino quis falar, mas a emoção o emudeceu.

De repente, lá estava. De volta ao século XVI, em Portugal. Uma donzela encantadora... três amigos e uma tragédia. Sangue. Desespero. Dor. Trevas...

E Ângelo soube que tinha seu quinhão de erros a resgatar.

O rio estava sereno no seu caminhar. Nas margens umedecidas brotavam florzinhas miúdas e coloridas. Ângelo e o Espírito que lhe falara se sentaram, aguardando a chegada de alguém.

Ouviu-se como que um ruflar de asas e de cada lado de uma tela esbranquiçada se postou um anjo. Na tela, foi-se formando a imagem de um ser de inigualável beleza que, todavia, não estava ali presente. Falava do seu mundo distante através daquela tela como quando assistimos a um filme.

Ângelo, quase que sem querer, ajoelhou-se juntamente com seu acompanhante. Lágrimas brotavam dos olhos de ambos, e a música suave vinda do espaço cósmico envolveu o ambiente. A tela se tornou mais luminescente:

– *Amados companheiros... Paz nos corações.*

Reunimo-nos aqui para trazer às suas almas desalentadas um pouco do amor divino; do amor que reergue; que sustenta; que traz alegria. Não a alegria mundana daquele que se satisfaz com a materialidade, mas a daquele que busca as alturas para o encontro com Jesus. E esse Jesus, pacientemente, espera-nos.

Amigos meus, muitos de vocês precisam ser alertados, ou melhor, relembrados da missão de cada um, pois a vida do encarnado sofre limitações pela própria materialidade do corpo somático e aprisionamento do Espírito.

Uma vida expiatória, qual a de vocês, não é punição. Nosso Pai é magnânimo e tudo que faz traz sua perfeição, seu amor, sua justiça. A expiação não é castigo, é um meio de usar a própria dor para promover o crescimento. Com ela, eliminam-se as desarmonias mais profundas e se restaura o equilíbrio energético, que com nossos atos anticristãos desarmonizamos.

Primeiro temos de consertar os erros; aprender a não mais errar, tendo em vista a dor que os erros nos trazem, depois, consubstanciar o aprendizado em nossas almas; vivenciar o que se aprendeu.

Aproveitem bem este momento que a bondade de Deus Pai lhes proporciona. Quando eu me for, cada um de vocês terá um guia que irá esclarecê-los sobre suas dúvidas e dizer-lhes da responsabilidade e dever de cada um; dever esse que, em breve, será colocado nos seus caminhos.

Falou por mais algum tempo. Orou. Incentivou. Até que sua figura foi sumindo... sumindo. A tela e os dois anjos também se foram da mesma forma como chegaram.

A paisagem voltou como antes. O Espírito que conversara com Ângelo o alertou para a presença de seu pai ali, também em corpo perispirítico.

O menino quis lhe falar, mas foi contido:

– *Melhor que ele não o veja. Santiago está muito confuso.*

– *Por que ele também foi trazido aqui?*

– *Também é um filho de Deus e tem o mesmo direito aos esclarecimentos que poderão ajudar.*

Ângelo não perguntou qual missão do pai estaria por acontecer; tampouco sobre a dele.

– *Seu pai, infelizmente, não reterá, por muito tempo, a recordação deste encontro. Tem a mente demais estacionada em valores de ordem material. Bloqueia tudo que lembra o passado, principalmente as recordações da reencarnação no Japão há séculos, onde tudo iniciou.*

– *Perdoe-me, mas você pode me falar sobre isso?*

– *Em outra oportunidade, Ângelo. Hoje, não convém que você se preocupe com nada além do que deve reter na memória espiritual.*

– *E o que devo reter em minha memória?*

– *Ângelo, vou relembrá-lo sobre sua mais importante missão nesta existência. Trata-se de Maria Pia, o Espírito a quem você ama de priscas eras. Logo, ela vai precisar muito de você.*

– Maria Pia? Precisar de mim, um pobre garoto que sofre de epilepsia?

– Sim.

– Quando isso se dará? Eu terei um enorme prazer em ajudá-la. Ela poderá contar sempre com o meu amor. Mas diga.

– Agora, neste momento, quero apenas lembrá-lo de que quando a oportunidade surgir, você deverá estar preparado. Só tem quinze anos, mas, de todos aqui, é o Espírito que mais existências e experiências teve na eterna vida.

– Não pode me informar mais? Preciso estar preparado.

– Nada mais posso lhe dizer. Na hora, você se lembrará desta reunião e saberá o que e como fazer. Tudo, porém, vai depender do procedimento futuro de Santiago, mas pela lei das probabilidades é bem possível que ele recue na última hora, então, sua ajuda a Maria Pia será fundamental para seu reequilíbrio e o dela.

Todos os demais convidados para aquela reunião estavam recebendo orientações. Santiago conseguia absorver bem pouco e se mostrava distante, preocupado com sua tropa que ficara arranchada não distante dali.

– Meu amigo – perguntou Ângelo –, *como posso ajudar mais meu pai? Ele é bom, mas de vez em quando é tomado pelas forças do mal.*

– *Amando-o. Só o amor pode transformar as pessoas. E você lhe deve muito amor, pois que, na última existência, muito o fez sofrer.*

Ângelo se calou. Conseguira olhar um pouco pela janela do tempo e voltara ao passado. Tudo muito rápido e não com a clareza que desejava.

Na manhã seguinte, pôde se lembrar de quase tudo que conversara com o Espírito. "A qual missão ele se referia? Maria Pia... o que o futuro nos reserva?"

Na hora do desjejum, Ângelo olhou para o pai:

– Pai?

Santiago estava distraído e não respondeu.

– Pai? – insistiu o jovem.

– Ahn? Que foi?

– O senhor dormiu bem esta noite?

– Dormi e sonhei umas coisas estranhas.

– Que coisas, pai?

Napoleão e Josefina vieram buscar o naco de pão com linguiça seca.

– Então, pai? Não quer me contar o tal sonho?

– Estive a sonhar com uma reunião. Muita gente falando uma língua diferente. Não sei bem... Coisas de sonho. Nada que importe a nós.

– Eu também sonhei bastante. O senhor estava no meu sonho. Mas não estava à vontade. Parece que alguém o forçava a ouvir...

– Ah, Ângelo, novamente me vens com tuas tolices.

Alguns dos tropeiros prestavam atenção na conversa, e Santiago desconversou:

– Pelo jeito, tua reunião foi boa. Estás com ótimo aspecto.

– Foi esclarecedora.

– Filho... agora é pra valer... – disse ao distanciar-se dos amigos curiosos.

– O quê?

– Esta é a nossa última viagem. Alguma coisa aconteceu, e me parece que devo parar de tropear e voltar para Portugal. Maria Pia tem muito a ver com essa decisão, mas não sei bem ainda...

Ângelo ficou surpreso. Veio-lhe novamente à mente a estranha reunião à beira daquele rio silencioso, do Espírito na tela luminescente, dos dois anjos, do Espírito que falou com ele...

– Acho acertado, pai

De outra vez preciso impedir que esses dois compareçam. Essas reuniões do "cordeiro" promovidas por esse tal Ederaldo são pedras no meu caminho. Ainda nada pude fazer de expressivo nem ao pai e nem ao filho. O chefe anda azedo. Quer se vingar principalmente de Santiago, que o humilhou sem piedade – monologou o Espírito Samuel.

Como percebemos, Santiago andara plantando espinhos em suas existências passadas. Se o ofensor esquece o mal que praticou, o mesmo não acontece com o ofendido. O ódio do tal Espírito, que dava ordens a Samuel, sofrera como sócio dele em uma existência pretérita e não estava disposto a perdoar.

O leitor poderá perguntar por que ele mesmo não promovia a vingança. Ocorre que ele estava reencarnado e por isso mesmo tinha sua força reduzida. O corpo físico é também prisão do Espírito. E nesse caso, seu corpo físico possuía inúmeras deficiências. Era na hora do desprendimento pelo sono, que ele se comunicava com Samuel e lhe transmitia ordens severas contra o desafeto. Por que Samuel o obedecia? Porque fazia parte de uma "legião", cujo propósito era espalhar a dor e a obsessão. Odiavam o Cristianismo que "amarrava suas mãos" e, sabendo que o astral superior estava preparando nova revelação[14] para o avanço e libertação da humanidade, ele tinha pressa na vingança.

---

[14] A vinda do Consolador, ou seja, do Espiritismo (N.A.)

Capítulo 16

Presenças espirituais

"Se perdoardes aos homens as suas ofensas, também vosso Pai Celestial vos perdoará" – Jesus (Mateus 6:14)

Já dissemos que Maria Pia havia retornado a Portugal depois daquele encontro íntimo com Tomaz. Ainda agora, agradecia não ter engravidado. Um vazio incomodativo a perturbava, e ela sabia muito bem que era a ausência de seus amores, especialmente de Santiago. Não sabia se ele ainda tropeava, se já se casara, se ainda a amava. "E Ângelo? Menino esquisito... aqueles ataques... será que vive ainda? Tomaz... ahn... Tomaz, que pena que seja tão rapazola, e pior: pobre..." – eram questionamentos de sua alma inquieta.

Lola ainda estava em sua companhia e sempre a aconselhava:

– Vê lá, Maria, que vais ficar pra tia! Tão bela e tão avoada...

– Ora, dona Lola... Sempre haverá tempo. Tenho só vinte aninhos.

– Lembra-te de que a mocidade não é pra sempre. E por onde andam teus pretendentes lá do Brasil? O tal Santiago bem que te convinha...

Maria Pia suspirou fundo:

– Perdi o contato com ele. Mas...

– Mas o quê? Dize, rapariga!

– Não sei se a senhora vai entender... Passou-se tanto tempo e ainda continuo sem saber a qual dos dois eu amo de fato.

– Pois, então, tens dois?! Ora veja! Saibas tu que quem está a amar dois é que não ama nenhum. E acaba ficando sem os dois! Já se viu coisa igual? Tua mãe deve estar a rolar no túmulo por tuas maluquices!

– Pois eu tinha dois! Agora não sei...

Lola balançou a cabeça. Não aprovava o comportamento de Maria Pia, mas não a exprobrava com mais severidade, pois era-lhe muito conveniente viver junto dela e desfrutar de sua pequena fortuna.

– Só conheci o Santiago. Homem sisudo... Esse haveria de te pôr na linha! – disse Lola.

– Pois não lhe falei de Tomaz?

– Mas esse era ainda um menino! Queres ter um marido ou estar a criar um filho?

O pensamento de Maria Pia retornou ao Brasil, e ela se lembrou dos momentos que desfrutara com o rapaz. Embora tivesse passado aflições até saber que não engravidara, agora se arrependia de não tê-lo procurado para se casarem. "Será que Santiago me aceitará? Devo contar a ele antes ou depois? Isso, se ele pedir-me de novo em casamento..."

– Dona Lola, o que acha de retornarmos ao Brasil? Quem sabe cruzo com Santiago por lá? A senhora tem família lá, será fácil, e não gastaremos muito de minha fortuna.

– Nem pensar, minha flor! Meus parentes são todos pobres. E depois, lá naquelas terras, não temos o conforto de cá. Muito calor... muito mosquito... E a viagem, então? Não se tem certeza se chegaremos ou teremos o mar por nossa cova. Pela virgem santa, não!

De repente, Maria Pia se sentiu arrepiar da cabeça aos pés.

– Valha-me, Nossa Senhora!

– Que foi, criatura de Deus?

– Veja como fiquei toda arrepiada! Acho que a morte passou por mim – e persignou-se.

– Estás a dizer tolice, rapariga! – mas também se persignou.

Vejamos o que se passou no plano espiritual e causou arrepio em Maria Pia.

Desde a conversa (em sonho), que Ederaldo tivera com Ângelo, Tenório, Adão e Santiago, falando sobre a necessidade deste se casar e receber como filhos os credores do passado, que Maria Pia vivia sobressaltada. Vez ou outra, a antiga personalidade, que vivera no Japão ao lado de Santiago, aflorava. Então, sabia-se culpada de alguma coisa, sem atinar, entretanto, no que seria. Via-se unida a Santiago, reconhecia-se muito amada por ele, mas isso lhe vinha mesclado de alguma coisa incomodativa. Dolorida. Desleal. Tentava se lembrar, mas havia uma cortina espessa que a impedia de ver três Espíritos que, punhos cerrados, ameaçavam-na e a Santiago. Eram cenas do passado. O passado que não passou, afinal. Ficou no Banco da Vida, que agora lhe apresentava as promissórias. O tempo de armistício terminara. A vida exigia novo enfrentamento a fim de verificar se os alunos aprenderam a lição ou se precisavam de mais dor em seus caminhos. Durante muito tempo, ela e Santiago ficaram separados. Por caminhos diferentes, buscavam, nos parceiros de então, algumas lembranças da personalidade de épocas remotas no distante Japão. Esquecemos, quase sempre, nossos erros pretéritos, mas a vida não os esquece.

Era durante o sono que Maria Pia vislumbrava o que seria seu futuro. Então, relutava em aceitar Santiago, embora dissesse amá-lo. Nessa indecisão, deixara Tomaz invadir sua vida. Outro obstáculo que a afastava do tropeiro era Ângelo. Inconscientemente, tentava jogar para a frente o momento da retificação de sua conduta no passado remoto.

A vida é um poema.
Lírico ou bélico.
Ação que liberta ou escraviza.

A vida nos devolve o que lhe damos; aceite os presentes, sejam eles de grego ou de troianos; venham embrulhados em papel de seda ou em jornal; pequenos ou gigantes. Depois, procure neles o lado bom e persevere no direito de ser feliz.

Maria Pia era uma alma equivocada, que procurava seu caminho. Dizia amar Santiago, mas seu pensamento mais constante era para Tomaz.

Nos bailes que frequentava, flertava com todos, e não desiludia ninguém. Seus pensamentos quase sempre eram sensuais, e ela fantasiava relações com todos os jovens atraentes que cruzavam seu caminho. Imaturidade da alma. Ilusões que nos tem levado a muitos sofrimentos e que só se afastarão quando a alma atingir sua maturidade.

Hoje, mais do que no passado, sabemos o poder dos pensamentos. Eles são forças que, direcionadas pela vontade, plasmam no ambiente a ideia materializada. A matéria se apresenta na imensidão cósmica sob diversas densidades sem deixar de ser matéria: mais grosseiras, mais sutis, quintessenciadas. E cada tipo de pensamento vai impressionar a matéria, criando imagens mentais fluídicas, que permanecem no ambiente por muito tempo ou, pelo menos, enquanto forem alimentadas pela vontade do emissor. Já falamos sobre a força do pensamento e da vontade no segundo capítulo. Por essa razão, Jesus disse: "Em verdade vos digo que ao pensar no mal já ele está feito". Tais projeções mentais e de vida fictícia criam imagens fluídicas, sempre de acordo com os sentimentos, e podem, muitas vezes, ser confundidas com imagens reais.

Isso posto, quando Maria Pia relembrou com luxúria o que vivera com Tomaz, as formas-pensamento logo se corporificaram, confundindo-lhe a mente, trazendo-lhe lembranças menos dignas.

E ela se deixou ficar a sonhar. Não demorou muito tempo e toda a sala estava repleta não só de formas-pensamento como também de Espíritos animalizados desencarnados, atraídos por uma promessa de prazer. A expressão de tais figuras bizarras causaria repugnância até ao marquês de Sade.

Maria Pia se deixava embalar pelas cenas. Um turbilhão de espectros sinistros lhe invadia a mente. Seu protetor espiritual tentava chamá-la à razão, mas o envolvimento negativo não era rechaçado por ela. Outra alternativa não teve o guardião espiritual que não a de fazê-la adormecer e falar-lhe mais diretamente aos ouvidos espirituais. Depois, saneou aquele lugar, permanecendo ali só as ideoplastias, que logo após foram também desfeitas por sua vontade vigorosa.

Após a descompostura feita pelo anjo guardião sobre a necessidade de "vigiar e orar", Maria Pia acordou. Terrível enxaqueca a fez deitar-se novamente.

O anjo guardião se ajoelhou ao redor da cama:

Meu Pai maior. Pobres seres incipientes, todos nós precisamos do Seu amparo a fim de não cometermos mais erros, aumentando nossos sofrimentos.

Pai querido, fortaleça nossa Maria Pia, pobre alma que já muito tem errado e sofrido. Que nesta existência, concedida por sua bondade, ela possa vencer a si mesma. Bem sabe, meu Pai, que ela não tem maldades no coração, só a infantilidade causada quase sempre pela falta de uma mãe que a oriente. "Pai nosso...

Capítulo 17

Desafetos: instrumentos indiretos da justiça

"É impossível que não venham escândalos, mas ai daqueles por quem vierem." (Jesus)

Mas não nos percamos nesta história: Maria Pia conversava com Lola quando sentiu um estremecimento e julgou que a morte passara por perto. Mas não era a morte. Ederaldo acabava de entrar trazendo consigo Tenório, Adão e Caripó. Os mesmos Espíritos da existência no Japão, mais recentemente no Brasil, ostentando agora outros nomes.

A alma de Maria Pia os reconheceu. É sabido que uma alma lê outra alma sem necessidade de palavras articuladas.

Caripó, bem como os demais, trazia revolta no coração. Todos eles se achavam santos cobrando dívidas. Mas não pensem que eram tão coitadinhos assim porque foram as vítimas do passado. Não! Todos escreviam ainda a redação de suas vidas, e ninguém poderia saber o desfecho final. A vida cobra, embora nos dê o tempo necessário para o pagamento.

Naquele instante, eles estavam sendo, sem o saberem, os instrumentos da justiça. É compreensível. Não se pode querer que anjos desçam do céu para fazer o papel de vingadores; aproveita-se o que se tem à mão. Não há desperdícios na economia divina.

Somos ímãs humanos.
Atraímos e somos atraídos.
O sofrimento é a resposta.

As ligações espirituais logo se fizeram, e Maria Pia se sentiu incomodada. Depois, mergulhou num mutismo inusitado, pois sua língua era o órgão mais ativo de todo o corpo.

Lola também sentiu algo estranho. Buscou seu rosário de contas acinzentadas e beijou a cruz de prata. Depois, foi se ajoelhar diante do oratório. Maltratou os joelhos, mas conseguiu se aquietar.

Maria Pia ainda estava sentada. Quieta feito uma morta. Dor da alma encarcerada. Vez ou outra, um suspiro longo.

– Ainda aí, ó Maria? Acho que estás a incubar uma gripe. Esses calafrios... Estou a conhecer... Anda. Vá botar um xale nesses ombros nus.

Um resfriado... antes fosse só um resfriado! – disse Caripó.

Tenório e Adão, o vesgo, estavam em silêncio. Olhavam Maria Pia e cobiçavam seus dotes físicos. Ederaldo, percebendo seus pensamentos de luxúria, os admoestou:

"Nem na iminência de renascer desta mulher que fará tal sacrifício para ajudá-los, vocês a respeitam? E se julgam melhores do que ela?"

Os dois baixaram a cabeça. Caripó, o melhor de todos eles, olhou Maria Pia. A revolta cedeu espaço para a gratidão:

Senhora, sei que haverei de renascer como seu filho; sei que não sou bom e que talvez lhe faça muito mal, mas, em nome de Deus, dê-me o amor de que preciso para vencer. Quero ser da luz. Quero desprezar as trevas; quero que de minha boca jamais saiam palavras ofensivas; quero compreender que a riqueza que por ventura vier a ter, deverá servir para praticar a caridade, e não para ficar encerrada nos cofres. Parou de falar. A emoção lhe bloqueou as palavras. A intenção era das melhores, todavia, nas ilusões da vida material, infelizmente, quase sempre a esquecemos.

Ederaldo se emocionou.

Muito bem, Caripó. Nossa vontade de vencer já é meio caminho andado.

Tenório não compartilhava a mesma opinião e desejo daquele que lhe seria irmão num futuro não tão distante. O pensamento dele pôde ser lido por Ederaldo como em um filme: *Quero aproveitar tudo a que tenho direito; tudo o que aproveitaria se não tivesse morrido. Miserável Santiago. E Caripó, se for meu irmão, vai aprender a respeitar o que é meu.* Adão se mostrou feliz por saber que teria mãe tão bonita e altiva.

Ederaldo aclarou a memória de Tenório:

Você fala de Santiago, de Caripó, mas errou muito mais do que eles. Quem matou quem para ficar com o ouro alheio? Vocês dois se mataram um ao outro por amor à fortuna. Caripó, que acabou sendo morto também, sabe que se não tivesse tentado roubar o colega, estaria ainda vivo. Tanto ódio para quê? Acaso não sabe que o ódio cria amarras que só se desfazem com muitas lágrimas?

Caripó só se reencarnaria alguns anos depois, quando seus irmãos, que seriam gêmeos, tivessem dois ou três anos de idade. Nasceriam, estes, com um defeito. Ambos teriam os dedos das duas mãos parcialmente atrofiados. Teriam ainda leve rebaixamento mental. Tanto tempo em baixas vibrações lesionaram o perispírito, que é o molde sobre o qual se define o corpo material, portanto, perispírito com defeito, corpo idem.

Nem Tenório nem Adão gostaram de saber que

renasceriam com tal imperfeição. Eram orgulhosos e vaidosos. Relutavam agora em reencarnar. Ederaldo explicou que não havia outra alternativa. Eles haviam perdido o direito ao livre-arbítrio para escolha do futuro corpo carnal, pois que, no decorrer de tantos séculos, vinham reincidindo nos erros. Deveriam ser gratos pela oportunidade de se verem impossibilitados de somar mais dívidas à vida. Muitas vezes, evitar mais descidas já é subir.

Lola deixou Maria Pia entregue ao seu desânimo, e Ederaldo se aproximou dela:

Maria, você sabe que está chegando a hora, não sabe? Santiago está a caminho e vai lhe pedir novamente em casamento. Esqueça de vez o Tomaz, pois não o ama, de fato. Ele é uma fantasia de sua alma imatura. Estão aqui seus futuros filhos, Tenório, Adão e Caripó, seus já conhecidos do Japão. Não será uma ligação por amor, você bem sabe, mas uma reunião necessária para acerto de contas. Procure amá-los. Compreendê-los. Encaminhá-los para o bem, pois que você e Santiago lhes devem isso. Quanto ao mais... ao sacrifício... lembre-se de que a maternidade é a maior missão da mulher, e que o lar cristão é a melhor escola das almas. A maternidade engrandece a alma feminina, pois já se sabe que o homem, por melhor que seja, sente-se pequeno diante de sua mãe.

Maria Pia compreendeu pela linguagem das almas. Mas sofria por antecipação e descontrolava o metabolismo do corpo físico. Assim, cairia doente uma semana depois. Já é demasiadamente comentado que não existem doenças, mas doentes. Alma desequilibrada... corpo enfermo.

Os futuros reencarnantes ouviam-no: Caripó, emocionado. Tenório, resmungando. E Adão, atoleimado.

Finda a insólita reunião, Ederaldo instalou, na casa da futura mãe, esses dois Espíritos, Tenório e Adão, que nasceriam primeiro. Era de bom alvitre que se conhecessem melhor, e que Maria Pia fosse se acostumando aos fluidos grosseiros deles.

No plano espiritual, Ederaldo se encarregaria do mapa reencarnatório de cada um. Não que eles merecessem tal dedicação, mas Ederaldo era bondoso e achava prazer em ajudar aqueles pobres seres em evolução.

Bem verdade é que, ajudando o próximo, é a nós mesmos que ajudamos.

Capítulo 18

Enfim, o sim de Maria Pia

Nem só de flor e aroma é feito nosso jardim. Espinho, adubo, erva daninha, partilham-no.

Ângelo estava, há algum tempo, a observar o pai, sem, contudo, ter coragem para abordá-lo. Via-o sempre taciturno e de olhar baixo.

– Pai...

Santiago não ouviu o chamado do filho. Estava mergulhado em seus pensamentos. Embora ainda amasse Maria Pia, temia o casamento, pois, na intimidade da alma, sabia o que isso representaria. Vislumbrava, na memória espiritual, os antigos desafetos, Tenório e Adão. Caripó se lhe vinha à mente como um amigo, apesar de tê-lo matado.

Ângelo chamou novamente:

– Pai...

– O que foi? Que queres, filho?

Quando Santiago o chamava de filho, era sinal de que sua alma navegava por mares mais tranquilos. Ângelo o sufocou de perguntas:

– Quando vamos embarcar para Portugal? Com quem deixaremos o Napoleão e a Josefina? O senhor vai procurar a Maria Pia? Ainda gosta dela?

– Arre, ô *muleque*! Quantas perguntas de uma vez! Calma lá!

– É que o senhor está mudo desde ontem. Quero saber...

– Estou a pensar em vender o sítio.

– Já tem algum comprador?

– Tenho. Mas vamos lá. Uma resposta por vez: ainda não sei quando embarcaremos para Portugal... A segunda?

– Com quem ficarão Napoleão e Josefina?

– Ficarão no sítio mesmo. Não podemos levá-los conosco. O novo dono vai gostar deles. A terceira?

– Vai procurar a Maria Pia?

– Vou a Portugal pra isso, ora pois! A outra pergunta... Se ainda gosto dela? Claro que sim! "Ela é a mulher-menina da minha vida" – e, lembrando o gênio extrovertido de Maria Pia, sorriu.

Ângelo se deu por satisfeito e se calou. No fundo da alma, sentiu um ciúme dolorido. O pai... que sorte tinha! Ia casar-se com ela... De repente, lembrou-se das palavras daquele Espírito: – "Ângelo... Vou relembrá-lo sobre sua mais importante missão nesta existência. Trata-se de Maria Pia, o Espírito a quem você ama de priscas eras. Logo, ela vai precisar muito de você..."

O rapaz estremeceu. "Precisar de mim? Que estranho! – pensou. – Se ela vai se casar com meu pai... por que razão precisará de mim? De um adolescente doente e sem dinheiro? Eu sei que a amo desde sempre, porém, vejo sangue e lágrimas toda vez que tento me aprofundar nas reminiscências. Meu Deus... bem sei que não sou santo; que tenho contrariado as Suas leis; que não tenho caminhado o caminho que Seu filho Jesus nos ensinou... Mas sinto que cresço a cada dia. Cada nascer do Sol me encontra diferente e mais disposto a mudar. Saberei aguardar o momento sem ansiedade. Se ela um dia precisar de mim, pobre coitado sem eira nem beira, saberei acudi-la. Oferecer-lhe-ei meu ombro amigo e de minha boca só sairão boas palavras."

Ederaldo acompanhou toda a trajetória daqueles pensamentos otimistas. Ficou feliz por vê-lo tão confiante e feliz também por saber que, afinal, ele não esquecera a advertência recebida naquela reunião. Aproximou-se dele:

Quando encarnados, quase sempre vivemos em constantes sobressaltos; cheios de dúvidas, porque ainda não aprendemos a confiar na espiritualidade. Sequer cogitamos que nossa natureza íntima é espiritual; que somos Espíritos com corpo material grosseiro. Normalmente, só cremos naquilo que vemos e nos esquecemos de que há muito mais além daquilo que nossos limitados cinco sentidos percebem. Viva mais a vida espiritual, Ângelo, e ela lhe indicará caminhos retos e sem dor. Verá que no final tudo valeu a pena.

Ângelo, de forma difusa, registrou essas palavras de ânimo. Ederaldo era sempre o bom amigo que o socorria.

– *Oiça* lá, meu rapaz... com quem estavas a falar sem parar...

– Pai... o senhor vai mesmo pedir a Maria Pia em casamento, não vai?

– Isso te desgosta? Não gostarias de ter uma mãe a zelar por ti?

– Claro. Acho que vai ser bom pra todos.

De repente, o rapazola ficou sério novamente. Pensativo.

– Que bicho te mordeu, Ângelo? Não achas que és menino ainda para estar a te preocupar tanto? Anima-te, que a vida passa num piscar d'olhos.

– Sabe que o Tomaz já foi para Portugal?

Santiago franziu a testa:

– Não. Não sabia – e ficou preocupado. "Será que aquele gajo intrometido está com Maria Pia?"

Dois meses e meio depois dessa conversa, pai e filho chegam a Portugal.

Não foi difícil encontrar Maria Pia. Mas Tomaz já havia chegado antes. Maria Pia ficara exultante ao vê-lo, mas quando ele quis repetir a noite de amor que tiveram na colônia, ela se ofendeu grandemente e lhe virou as costas. Era, a moçoila, feita de incoerências. Teria agido assim para forçar o rapaz a pedi-la em casamento? A alma da mulher tem mais vaivém do que o Labirinto de Creta.

Tomaz se fez de desentendido, mas mesmo que ele a pedisse em casamento, Maria Pia não aceitaria. Motivo: Ele era um pobretão. Bonito, atraente, mas pobretão. E Santiago, até onde ela sabia, estava muito bem de vida.

– Pai, sabe que o Tomaz já esteve conversando com Maria Pia?

– Aquele mequetrefe...

– Mas foi bom, pois ele me deu o endereço dela.

– Às vezes, não entendo esse gajo! Se fosse eu, não lho daria... Ou lho daria outro lá no extremo do mundo!

Risos. Não era comum ver Santiago rindo.

– Meu filho, dá-me o endereço. Amanhã mesmo irei ter com ela.

– Pai... O senhor tem percebido uma coisa?

– Que coisa, menino?

– Não percebeu que não tive mais ataques? E tenho me sentido muito bem de saúde.

Santiago abraçou o filho. O amor, enfim, se lhe despertava.

– Graças a Deus! Sempre ouvi falar que muitas doenças da infância terminam na adolescência. Aliás, já és um homem! Vê? Até a barba está a despontar-te na cara!

– Sinto que estou curado, pai.

Ângelo estava realmente curado. O Espírito que lhe destrambelhava a mente fora afastado; o remorso improdutivo fora substituído por fé e desejo de realizações no bem; o psicossomático fora equilibrado pelos trabalhadores da luz. Enfim, o carma negativo, por bem suportado, fora abreviado. Competia a ele fazer com que fosse definitiva a cura.

Santiago esperava impaciente a entrada de Maria Pia. O coração saltava, e a boca amargava. A porta da sala se abriu, e o fru-fru da saia dela se fez ouvir. Lola foi logo dizendo:

– Sempre me apareces, senhor Santiago.

– Meus respeitos, senhora dona Lola.

Maria Pia o olhava. Sorriu. Abraçou-o com certo constrangimento:

– Santiago! O que te trouxe a Portugal?

O tropeiro perdeu o fôlego diante da beleza clássica da portuguesa, agora mais mulher.

– Como estás, senhorinha? – e retribuiu o abraço.

– Agora estou bem melhor! Já me impacientava por falta de notícias tuas. E Ângelo?

Perguntou por pura formalidade. Pouco se importava com aquele menino estranho, que lhe causava medo e apreensões.

– Ele está muito bem.

– E aqueles ataques...

Lola meneou a cabeça: "Rapariga sonsa! Isso é hora de se lembrar da doença?" – mas se calou. Esperava que dessa vez ela desse o sim ao tropeiro, pois já havia se inteirado de sua situação econômica privilegiada, e o dinheiro de Maria Pia estava cada vez mais diminuído. Um homem endinheirado seria muito bem-vindo.

Santiago lhe disse que o filho estava curado, que se fizera homem e que da doença nenhuma sequela ficara.

Depois de meia hora de conversa formal, Lola o conduziu para uma saleta e mandou que se servisse o café. Havia feito broas de fubá, a quem atribuiria o mérito a Maria Pia. Afinal, pega-se um homem também pelo estômago.

Santiago, enquanto comia um pedaço da broa, supostamente feita por Maria Pia, pensava em como abordar o assunto. Era um homem vivido. Cultura acadêmica quase nenhuma, mas a escola do mundo muita coisa lhe ensinara.

Maria Pia quase nem tocou nos alimentos. Mordiscava um pedaço da broa, olhando dissimuladamente o tropeiro. Percebeu a barba bem feita, o cabelo à moda atual, a roupa limpa, de tecido caro e as unhas bem aparadas e limpas. Realmente, justiça seja feita, Santiago era um belo exemplar de homem. Não se apresentaria tão elegante não fosse a insistência de Ângelo: "Ó meu pai! Vais a casa dela com o fim de pedi-la em casamento... O senhor já não é tão moço... Arrume-se! Não sabe o quanto Maria Pia dá valor às aparências?" – E Santiago se deixou conduzir pelo filho. No final, gostou do que o espelho lhe mostrou.

Percebendo que Santiago se virava sem parar na cadeira e a olhava, Lola entendeu o recado e os deixou a sós.

– Maria Pia... *Oiça...*

– Dize, Santiago, estou a te ouvir – e sorriu seu riso vivaz.

– Não ignoras por que vim, pois não? – e tomou suas pequeninas mãos, que se perderam dentro das enormes dele.

– Desconfio... porém...

– Desta vez, não recusarás meu pedido? Olha cá, Maria! Esta será a última vez. Se recusares, retorno à colônia, caso-me com uma brasileira e cá nunca mais boto os pés.

– Fala logo, Santiago!

– Queres te casar comigo? – disse pausadamente.

– Quero.

Santiago abriu um grande sorriso. Mas dali a pouco, esfriou seu entusiasmo:

– Caso-me contigo, mas tem uma condição – disse a mulher.

– Condição? Ora... pois dize qual condição.

– Não quero que o Ângelo venha morar conosco.

– O quê?!

– O que você ouviu. Não quero partilhar o mesmo teto com seu filho. Tenho medo dele, dos seus ataques... Não confio nele, parece que uma hora ou outra, como uma cascavel, vai dar o bote.

Santiago se levantou abruptamente, derrubando a cadeira.

– Pois *oiça* cá, ô rapariga! Nem pelo amor que te dedico; nem por nada deste mundo abandonarei meu filho! Se calhar... estou a retirar meu pedido.

Lola, que ouvia atrás da porta, entrou:

– Por favor, senhor Santiago. Não dês ouvido a ela. É claro que não vais abandonar o rapaz!

E virando-se para Maria Pia:

– Nem pareces cristã! Teu avô, que te criou com mimos demais, está a revirar na tumba... Teus pais estão a *ver* a viborazinha em que te transformaste!

Lola fulminava a moça com um fero olhar.

– Perdoa-me... perdoa-me, Santiago. Não sei o que deu em mim... – mas retornou ao passado longínquo e lá viu suas razões.

O ambiente se tornara incomodativo. Maria Pia deixou as lágrimas caírem.

Lágrimas.
Atestado de dor?
Forçamento para perdão?

O fato é que, ao ver o rosto molhado e os olhos congestos de Maria Pia, Santiago reconsiderou. Sua alma foi buscar uma reunião espiritual: *Vais te casar com Maria Pia e receber, como filhos, os teus desafetos.*

Agora, era hora de Lola sair novamente. Piscou para a rapariga e saiu no seu passo duro de general.

– Santiago...

– Foste muito mal em tua colocação, ó Maria Pia. Não se pede isso a um pai... Principalmente, porque estás a *carregar* uma mácula...

Maria Pia levou um susto: "Uma mácula? A que ele está se referindo?"

Depois se lembrou: "Tomaz... nossa noite de amor... Bem, se ele sabe, poupa-me o vexame das explicações."

Dali a um mês, estavam casados.

Capítulo 19

Enfrentamentos

A vida é como um eco; se não está gostando do que está recebendo, observe o que está enviando.
(Charles Chaplin)

Os preparativos do casamento foram feitos com certa pressa. Estaria Santiago preocupado? Em dúvida? Poderia Maria Pia pensar melhor e desistir à última hora?

Algumas poucas mudanças foram feitas na casa da noiva. Nova pintura, conserto do portão de entrada, janelas e portas envernizadas. O malcuidado jardim foi todo modernizado por Ângelo. Por dentro, somente o quarto dela foi modificado, e a cama de solteira foi transferida para um quarto vago ao lado do de casal. Ali seria o quarto de Ângelo. Lola, já não mais tutora, foi mantida como governanta. Afinal, os filhos deveriam vir, e ela seria de grande ajuda.

Maria Pia havia herdado aquela casa do avô, a

mesma onde, no passado, ele tivera um armazém que vendia de quase tudo; a mesma onde conhecera Santiago; a mesma que a vira nascer. Agora, o armazém seria restabelecido. O ponto era ótimo, e Santiago e Ângelo abririam ali um comércio. *"Não é o mesmo que tropear, mas preciso trabalhar cá em Lisboa."*

Registrou, só em nome de Ângelo, uma quinta adquirida recentemente e que estava em plena produção de uva de boa qualidade. Fez isso com receio de morrer de repente e deixar o filho desamparado, caso Maria Pia o abandonasse.

O casamento foi simples. Recepção para alguns amigos. A noiva estava deslumbrante. Santiago, bem ajambrado no seu terno novo. Não houve viagens. Quando o último convidado saiu, por volta das vinte e duas horas de um sábado, o casal se recolheu. Lola viajou, logo após o casamento, para a quinta de Ângelo, e este foi dormir na casa de Tomaz. Queriam deixar o casal à vontade durante os primeiros dias de casados. Sensatez nunca fez mal a ninguém.

Maria Pia se arrependia de seu passado com Tomaz e agora não poderia oferecer o corpo virgem para o marido. Lembrou a insinuação dele, mas... virgindade é como o dia de ontem: jamais volta.

Lola havia deixado a camisola branca e rendada de Maria Pia sobre a cama. Procurou no baú de Santiago sua roupa de dormir a fim de colocá-la ao lado da camisola, mas não havia roupa de dormir. Santiago a esclareceu: "Não te preocupes dona Lola... durmo com minhas roupas de baixo."

A camisola branca e rendada ocultava as formas sensuais da jovem senhora, mas lhe davam um ar de pureza, de anjo, de vestal.

Quando entrou no quarto, não viu Santiago. Agradeceu-o por isso. "Por que estou a me tremer toda? Santiago é agora meu marido!"

Santiago estava feliz. Na cozinha, servia-se de vinho e de um pedaço de perna de cordeiro já fria. Só àquela hora sentia fome. O relógio da sala acabava de anunciar a meia-noite. A casa estava em silêncio.

– Maria...

– Ahn? Estou aqui... Onde estavas?

– Na cozinha. Levanta-te e toma comigo um copo deste vinho. Vamos selar a nossa união. Amas-me?

– Amo-te muito. Vamos ser felizes, não vamos?

– Na graça de Deus... sim. – Não beijou Maria Pia; beijou seu bentinho.

Apertava a mulher amada nos braços quando um pensamento – desses atrevidos que entram em nossa mente sem convite – estremeceu-lhe a alma:

"Deves casar logo, Santiago, para receber teus desafetos como filhos e devolver a eles o que lhes roubaste no passado". E, para repudiar tal pensamento, beijou a amada até a exaustão.

Maria Pia gostou da impetuosidade dele e se lembrou da mansidão de Tomaz com seu jeito delicado.

Santiago pensou no que o futuro lhe reservava. Não era religioso, mas acreditava em Deus e nos santos. Ângelo lhe garantia que via Espíritos e, às vezes, até falava com eles. Mesmo ele, em alguma situação anômala, já os pressentira junto de si. Quando vivia a tropear, vira muita coisa estranha. Uma ocasião, quando arranchado a meio caminho entre Santa Catarina e Paraná, vira uma luz que caminhava para eles. Chovia muito, e ele via claramente os pingos de chuva batendo naquela luz estranha e amorfa, mas ela não se apagava. Ele acordou os tropeiros, e todos puderam ver. Napoleão e Josefina latiam. A luz passou perto deles e desapareceu como por encanto. "Deve mesmo existir outro mundo" – concluiu, então.

Maria Pia o olhava. Tal seriedade a deixou apreensiva.

– Que tens? Aborreço-te?

– Não é nada contigo. Só uma lembrança está a me aborrecer.

– Não é hora para lembranças desagradáveis. Não hoje. Hoje, nada deve arruinar nossa noite – e se perdeu entre braços e abraços.

O relógio alardeava: uma hora da madrugada mais vinte minutos.

Santiago e Maria Pia se conheceram na intimidade. Adão e Tenório, miniaturizados[15] e inconscientes, aguardavam no colo de Ederaldo e de mais dois Espíritos, técnicos em reencarnação, no quarto de Ângelo. Ainda mais quatro entidades aguardavam emocionadas: Estênio e Isa, que foram os pais de Maria Pia e que desencarnaram, em um acidente, cinco anos após o nascimento da filha; Alba, a esposa falecida de Santiago e mãe adotiva de Ângelo e, finalmente, Semana Santa, a índia e mãe biológica. Todos os quatro oravam e rogavam a Deus pelo bom termo daquela reencarnação.

Quando o casal dormisse, Tenório e Adão seriam ligados a Maria Pia. Não se perdeu um minuto do tempo precioso. A manhã seguinte já encontraria o óvulo fecundado no movimento frenético da multiplicação das células.

Depois de alguns dias fora, Lola e Ângelo retor-

[15] Processo a que é submetido o perispírito do reencarnante. (N.A)

naram. Ele cumprimentou Maria Pia com reservas, mas ela, para mostrar ao marido que não guardava nenhum ressentimento, abraçou-o.

O coração dele bateu arrítmico. O suave perfume dela lhe causou embriaguês. Mas foi o beijo recebido na face que o deixou trêmulo. Fechou os olhos e suplicou: "Meu Deus! Esta é a mulher de meu pai! Dá-me forças."

Maria Pia, na verdade, forçou uma situação. Ao abraçar o enteado, sentiu medo e desconforto. Ângelo, apesar de ter gostado, sentiu os sentimentos dela e se entristeceu. Foi como um jato d'água na fervura. Afastou-se com fel na alma. "Ela ainda não me aceita de coração."

A gravidez ainda não havia sido descoberta nem por ela e nem por Santiago, mas Ângelo pôde ver os dois Espíritos ligados aos corpos em formação. Semiconscientes, chutavam-se e resmungavam coisas ininteligíveis.

A futura mãe tinha um aspecto cansado. Parecia que grande parte do seu fluido vital fora consumida pelos gêmeos. Mas Ângelo não sabia o que fazer para ajudar. Muito longe ainda, estavam os esclarecimentos trazidos pelo Espiritismo.

À noite, Ederaldo o esclareceu:

– Ângelo, você pode ajudar sua madrasta orando por ela e pelos gêmeos que ela carrega no ventre. Quando for se deitar, ore por alguns minutos e projete pensamentos de saúde, de paz, de felicidade a ela, a Santiago e aos filhos. A gravidez dela será sofrida, pois os filhos são Espíritos endurecidos no mal. Não despertaram ainda para as verdades e só entendem de coisas materiais e palpáveis. Não os inveje, meu filho, pois difícil será a provação deles.

Ângelo se admirou, pois que, na verdade, sentia inveja por ver aqueles Espíritos tão íntimos de Maria Pia. E mesmo sem entender totalmente as explicações do guia espiritual, passou a orar todas as noites por eles.

Sentado em um banco de madeira escura, sob uma árvore no quintal, Santiago meditava. Sem saber o porquê, sentia a alma oprimida. A presença da mulher amada, paradoxalmente, era-lhe agradável, mas dolorida. Amava Maria Pia, mas não amava os filhos que ela trazia no ventre. Parecia-lhe que a esposa estava a agasalhar viborazinhas. Mas era apenas por alguns segundos. Em seguida, beijava seu bentinho e pedia perdão a Deus.

Depois de sondar o pai por alguns minutos, Ângelo se aproximou:

– Pai, sabe que o Tomaz se arranjou por aqui?

– Estava na hora. Mas não sei não...

– O quê?

– Aquele gajo não pode ver um rabo de saia.

Ângelo percebeu que o pai não gostava mesmo do seu amigo.

– Ângelo, quero te pedir uma coisa.

– Pois peça, pai.

– Não fale a Maria Pia nada sobre Tomaz. É melhor assim. Que ela também o esqueça.

Santiago sofria a dor do ciúme. Era uma danação! Quando acariciava a esposa, imaginava que ela, talvez, preferisse estar sendo acariciada por Tomaz, e não por ele. Assim, muitas vezes, parava abruptamente os carinhos e fechava a cara, para espanto dela.

E Ângelo? Pobre Ângelo! Continuava amando a mulher do pai, embora tivesse receio de confessar a si mesmo. Algumas vezes, sentia-se tão infeliz que se escondia para chorar.

Santiago se aborrecia com a lembrança de Tomaz, enquanto Ângelo maldizia ter nascido filho dele.

À noite, deitado na cama que fora de Maria Pia,

começava a internar-se pelos caminhos perigosos dos pensamentos sensuais. Depois de orar pelo bem-estar dela, dos nascituros e do pai, os pensamentos fugiam para ideias extravagantes onde ele se colocava no lugar do pai e beijava Maria Pia. Entre os pensamentos desconcertantes, imaginava-a abraçada ao pai. Então, o ciúme o azedava. Via-se separado dela apenas por uma frágil parede, e isso o fazia sofrer ainda mais.

Naquela noite, quase não dormira, rolando na cama e procurando por Maria Pia na inconsciência do sono. No café da manhã, olhou-a com outros olhos. Santiago ainda dormia.

– Bom dia, Ângelo. Dormiu bem?

– Eu, sim. E a senhora?

– Ângelo, não precisa me chamar de senhora. Somos quase da mesma idade...

– É que... bem... meu pai pode não gostar.

– Bobagem.

– A senh... você... não me parece bem.

– Eu estou péssima. Dormi muito mal e sonhei um sonho horrível!

Desde a noite de núpcias, após a ligação dos Espíritos Tenório e Adão, que Maria Pia não sentira sequer um momento de paz. Tinha pressentimentos sobre o que a vida lhe reservava para o futuro. Parecia absorver os fluidos pestilentos dos dois que, como endoparasitas, sugavam seu fluido vital na mesma medida em que a contaminavam com seus fluidos grosseiros.

Ângelo reparou o quanto ela estava abatida. Havia duas semanas apenas, carregava os dois no útero, mas já não era a mesma. Sua pele, dantes acetinada, apresentava manchas marrons e perdera o viço. Sua cabeleira farta e brilhante se apresentava opaca e sem vida. De vaidosa que sempre fora, tornou-se relapsa, negligenciando até os banhos. Era impressão sua ou Maria Pia estava enfeando a olhos vistos?

Capítulo 20

Um amor vai... outro vem

Chorando um amor irremediavelmente perdido, podemos não ver outro chegar...

Quando Tomaz soube do casamento, ficou desconsertado. Andava pelas noites feito um zumbi. Sofreu. Chorou. Esmurrou a parede. Teve insônia. Acusou Santiago, mas sofreu menos do que imaginara. Descobriu que havia outras mulheres interessantes em Lisboa. Assim, um dia:

– Boa tarde, senhorita!

A moça se virou com rapidez. Assustou-se. Fazia compras com a mãe em uma loja do centro de Lisboa.

– Eu o conheço, senhor...?

– ...Tomaz, a seu inteiro dispor.

Dona Madalena, a mãe da moça, puxou-a. Mesmo arrastada, ela respondeu:

– Eu sou Letícia. Amanhã, nesta mesma hora, tornarei cá...

Novo puxão. A menina e a mãe desapareceram entre os transeuntes.

No dia seguinte, Tomaz chegou bem cedo ao local. Postou-se defronte à loja. Letícia tinha um quê de Maria Pia. Talvez o porte altivo? A arrogância de achar-se a mais bela donzela de Lisboa? Ou os olhos amendoados sempre olhando a ponta do nariz?

Estava divagando quando a moça apareceu. Não era tão deslumbrante quanto o fora Maria Pia nos bons tempos, mas muito bonita e bem mais culta. De mais perto e com menos afoiteza, Tomaz percebeu que a menina não era tão menina assim, mas já uma mulher feita. De olhar vivaz, boca vermelha, formas generosas.

– Cá estou como prometi – disse, estendendo a mão para Tomaz.

– E também cá estou eu, senhorinha Letícia.

Ao cabo de alguns minutos, já conversavam como dois velhos amigos. Maria Pia? Vez ou outra aflorava na mente de Tomaz, mas Letícia se encarregava de mandá-la embora.

Três meses se passaram, e Tomaz se surpreendeu ao perceber que estava amando Letícia. Pensou em falar com ela sobre assumirem um compromisso mais sério, pois a mãe dela o olhava sempre de modo severo. Já lhe frequentava o portão e ainda não tivera coragem de tocar no assunto. Queria primeiro encontrar Maria Pia para pôr o coração à prova.

Um dia, dona Madalena abriu a porta da sala e o convidou a entrar.

– Pois, meu caro jovem... Tu e Letícia estais a gostar um do outro, pois não?

Tomaz não esperava que a matrona fosse tão direta.

– Estou... estamos... Não estamos, Letícia?

– De minha parte, não tenho dúvidas.

– Então, vamos a marcar logo o noivado. O pai de Letícia, meu marido, está a chegar do Brasil e, então, vamos conversar melhor. Certo para o senhor?

– Certo. O senhor seu marido tem negócios por lá? Pergunto, porque sou brasileiro.

– Isso estou a saber. O sotaque mo revelou.

"Sotaque? Ora vejam!" – pensou Tomaz.

– Para mim, está bem. Só que...

– *Oiça* cá, ô meu rapaz. Esta rapariga que aqui está é de família honrada!

Tomaz se sentiu acuado. Tanto insistira para se

casar com Maria Pia e levava sempre um não na cara. Agora...

Letícia nada dizia. Acompanhava ansiosa a conversa.

– O que quero dizer, dona Madalena, é que não estou preparado para casar... quer dizer... preparado financeiramente.

Dona Madalena abriu um sorriso largo:

– Estás a te preocupares com isso? Ora, pois! Saibas, meu jovem, que meu marido foi para o Brasil para comprar uma fazenda por lá. De gado. Vacas leiteiras, de corte...

Não se sabe se ela exagerou para ganhar um genro.

Tomaz engoliu em seco:

– Mas é que, de meu, nada tenho para oferecer a Letícia, senão o meu amor.

A moça sorriu e lhe apertou o braço.

– Pois está muito bem dito. Com amor se ganha o mundo, dizia minha santa mãezinha. Tendo o amor... – e destravou a língua.

Tomaz ficou vermelho. Letícia olhava ora para a mãe, ora para Tomaz. A mulher continuou:

– E creio que isso vem a calhar, pois só temos

esta filha e, para tocar uma fazenda, meu Antenor vai precisar de braços de homem. Que te parece? Qual é tua intenção? Pretendes ficar morando cá em Portugal ou voltar para a colônia?

– Pretendo voltar. É bom que a senhora saiba que sou tropeiro...

Então, Letícia falou:

– A mim pouco importa... Tens uma tropa? É isso?

– Não tenho uma tropa. Trabalhava na tropa que um amigo comandava. "Amigo... o Santiago?"

– Como é isso? Nunca ouvi falar dessa profissão.

E Tomaz gastou boa parte do seu tempo explicando à futura sogra o que era uma tropa. Explicou, sem entrar muito nos detalhes, que não se ganhava muito, mas que era um serviço útil para o desenvolvimento da colônia.

Parece que o príncipe encantado voltou a se transformar em sapo. Letícia sempre sonhara com um marido... senão rico, pelo menos não tão pobre...

Mulheres...
Amor desinteressado...
Você juraria?

De repente, todos emudeceram. Dona Madalena foi a primeira a falar:

– De qualquer forma, tu não és um vagabundo, pois não? Trabalhar é que importa; enfrentar frio, calor, chuva, sol...

E olhando a desolada filha:

– Também teu pai, rapariga boba, nada tinha quando casamos. Andava mal ajambrado que fazia dó.

Tomaz se sentiu melhor. Afinal, Dona Madalena era escolada. Olhou para Letícia e tentou enxergá-la como a senhora Tomaz. Gostou do que a mente lhe mostrou. A moça era muito bonita e delicada. Via-se já como um fazendeiro... Golpe do baú? Vai saber!

Quem se sentiu aliviado foi o Santiago.

Capítulo 21

Gestação indesejada

Não ame pela beleza, pois ela um dia se acaba.

Não ame por admiração, pois um dia você se decepciona. Ame apenas, pois o tempo nunca pode acabar com um amor sem explicação. (Madre Teresa de Calcutá)

Maria Pia já sentia bem próximos de si os dois filhos. Logo na primeira semana, a rejeição a eles se manifestou em forma de enjoos, fadigas, irritação, desalento. Na maioria das vezes, não correspondia aos afagos de Santiago, e uma aversão estranha a possuía na hora do relacionamento íntimo. Não o acusava, mas sabia que devia a ele seu mal-estar. Santiago também passou a sentir mais a presença espiritual dos desafetos e também não sentia o mesmo prazer de antes.

À medida que a gravidez avançava, mais angustiantes eram os desconfortos material e espiritual.

Ângelo percebia o quanto se passava, e o ciúme que sentia se transformou em piedade. Bem verdade que continuava amando aquela mulher e daria tudo para vê-la feliz, ainda que ao lado de outro homem.

Santiago também notara a mudança da mulher em tão pouco tempo. Depressa a desilusão fez ninho em sua cabeça. O enorme amor que alardeara durante tanto tempo começava a esfriar. Eram outros os olhos que fitavam a mulher, e outra era a disposição para continuar aquela vida. Como Maria Pia, também ele passou a sentir certa repulsa por ela. E se a procurava, era sempre na qualidade do macho que desafoga seus instintos animais e não mais se preocupa com a fêmea.

Somente o verdadeiro amor é duradouro. Paixão é fogo que queima e passa; tempestade que faz muito barulho e depois silencia. Aparência física é ilusão de tolos.

Foi só no segundo mês de gestação que o casal teve certeza da gravidez. Santiago tremeu: "É necessário que te cases logo. Deverás receber teus desafetos, para devolver-lhes o que deles roubaste". – Santiago beijou seu bentinho: "Seja lá o que Deus e a Virgem Santíssima quiserem."

– Pai... o senhor...

– Que tem eu? Estás a pensar o quê?

– Está feliz? E a Maria Pia?

– *Oiça,* Ângelo... se queres saber, não estou feliz.

Ângelo percebeu a tremura na voz do pai.

– Por quê?

– Não sei direito. Só sei que, se pudesse, ia botar os pés no mundo... Voltar à colônia e tropear, pois já não estou a suportar Portugal.

Ângelo se espantou. Mas, por um momento, teve esperanças. Seria bom se o pai voltasse ao Brasil; deixasse Maria Pia para ele. Percebia que ela estava cada dia mais feia e descuidada, mas seu amor nunca diminuía. Queria-a de qualquer jeito. Bonita ou feia. Caprichosa ou relaxada. Rindo ou chorando.

– O senhor não fala sério.

– Estou a falar sério, sim. Não se brinca com isso.

– Agora que vai ser pai novamente, nem pode pensar em abandoná-la com o filho na barriga. "Não vai fazer como fez comigo, deixando-me com Semana Santa no meio do mato, como se não tivesse nada com isso" – pensou.

Santiago era afoito no falar. Mas depressa compreendia. Arrependia-se. Voltava atrás.

– Tens razão, filho. Jamais farei uma coisa dessas. "Que diabo de homem seria eu se a abandonasse?"

Ao mesmo tempo em que afirmava suas boas intenções, via-se tropeando pelo Brasil afora. Decididamente, amava a colônia e começava a detestar Portugal. Então, sua alma se tingia de negro e os obsessores, que jamais o abandonavam, voltavam à cena. Santiago abria, para eles, a porta de sua alma equivocada, que lutava sem a convicção necessária, ora querendo deixar tudo e viver a própria vida, ora recriminando-se. E, nesse conflito, se lhe enfraquecia o ânimo.

Em uma tarde em que não cuidara devidamente de seus pensamentos descaridosos, um Espírito... digamos... doméstico, obsessor contumaz, invadira-lhe a mente com sugestões que lhe pareceram interessantes:

Ora... veja em que te transformaste, Santiago! Já te olhaste no espelho, ó gajo? És, meu caro, o retrato do opróbrio. Vês a tua bela Maria Pia? Que falência, amigo! Alguém merece uma esposa assim? O que esperas? Vais passar o resto de tua miserável vida aqui? Com tantos atrativos lá pelo Brasil? Que tal te parecem as brasileiras? Pois eu te digo: São as raparigas mais belas, mais sensuais que meus olhos já viram.

Cada palavra foi assimilada por Santiago. Não as rebateu, antes as acolheu no coração.

Maria Pia, literalmente, arrastava-se pela casa. A

barriga rotunda, difícil de carregar. Não fosse a boa Lola, e ela dormiria o dia todo. Fuga. Não queria pensar. Pensar em algo que não admitia nem a si mesma: não sentia o menor amor pelos filhos que se digladiavam no seu útero, fazendo-o um campo de batalha. Não fosse temente a Deus, teria se livrado deles.

– Maria... vê lá, que teu filho vai nascer sem nenhum trapo.

– Ainda tem tempo.

– Maria... não quero me meter em tua vida, mas o que está a acontecer com teu marido?

– Como tu reconheces... não é da tua conta, senhora dona Lola.

– Que malcriada estás, ó rapariga. Mas foi bom para eu aprender a não ter piedade de ti. Vais ver o quanto precisarás ainda de mim. Dás ares de matrona, mas és frágil como um passarinho novo.

Maria Pia caiu no choro, e Lola a abraçou.

E o tempo ia passando. Foi Lola quem providenciou o enxoval. Apenas para um, pois, naquela época, não se tinha jeito de saber quantos bebês a mãe carregava.

Capítulo 22

O nascimento dos gêmeos

Faze bem a ti mesmo na pessoa dos outros.
(Huberto Rohden – De alma para alma)

A parteira Assunta foi chamada no início da madrugada. Santiago, num nervosismo como nunca se vira igual, não conseguia ficar parado. Ângelo o sossegava afirmando que tudo daria certo.

– Valha-me Deus e Nossa Senhora do Bom Parto! Seu Santiago... Corra cá.

– O que foi, dona Assunta? – falou, tremendo dos pés à cabeça.

– Pois não é que trabalhaste por atacado?

– O que estás a dizer, senhora?

– Estou a dizer que neste ninho cá há dois passarinhos.

– Ninho? Passarinho? – de olhar abobado, Santiago não raciocinava.

– Homem de Deus! Fizeste dois filhos na pobre da Maria Pia!

– O quê?!

– O que acabaste de ouvir.

Santiago olhou para Maria Pia, que gritava a plenos pulmões. Dor do parto. Terrível. Quando passou a contração uterina, conseguiu dizer:

– Não digas isso, dona Assunta! Por Deus, dois não! Um já é demais! Valha-me, Nossa Senhora – e caiu na maior choradeira até a chegada de outra contração, desta vez mais violenta.

Ângelo se fechou no seu quarto. Por mais que tapasse os ouvidos, os gritos de Maria Pia o alcançavam. Então, lembrou-se de orar e pedir ajuda. Sabemos que nas aflições uma prece sincera ajuda muito.

– Senhor Santiago, vais ter de me ajudar. Não contava com dois! O parto de gêmeos pode ser complicado. Lava bem tuas mãos, traze mais panos limpos. Pôs a água para ferver, como te pedi? – perguntou, apressada, a parteira, dividindo-se entre ele e a parturiente chorosa.

– Sim. Já deve estar a ferver. Tens certeza de que são dois?

– Tenho. São dois e bem fortes. Vê, já tem um coroando... Aguenta firme aí, Maria. Quando eu mandar, respira fundo. Agora! Empurre! Faze força! Assim não, que não adianta! Faze força aqui embaixo. Isso. Assim. Fooorça!

O primeiro nasceu relativamente fácil. Gritava e esperneava, cheio de sebo e sangue. A parteira notou o defeito nas mãos, os dedos atrofiados e mostrou ao pai. Santiago se desesperou:

– Oh, meu Deus! Ele não é perfeito! Que fiz eu para merecer um filho assim? – e deu um murro violento contra a parede, enquanto lágrimas inundavam seus olhos.

Maria Pia gritou:

– O que tem ele? Jesus Cristo! Qual o defeito?

– Não é nada muito grave.

Santiago, a fim de não assustar a esposa, fingiu uma calma que não possuía e lhe apresentou a criança com os dedinhos atrofiados. Ia dizer alguma coisa mais quando o segundo nasceu.

– Outro menino! Bem pequenino este!

Sem nada dizer, apenas apontando os dedinhos, a parteira balançou entristecida a cabeça.

– Também este!? Deve ser castigo!

– Não digas isso, seu Santiago. Deus é que sabe. Mas vê que pulmões eles têm. Que choro forte!

– falou a parteira, no desejo de consolar os desolados pais.

– Não tenho sorte com filhos, dona Assunta. Vê o Ângelo... Só de uns tempos para cá é que sarou dos ataques.

A parteira estava comovida e nada disse. Maria Pia soube que também o segundo filho nascera com o mesmo defeito. Chorou e maldisse a sorte. Estava exausta. Cabelos emplastados. Profundas olheiras. Semblante abatido. Nenhuma felicidade. A alma se lhe dobrava à custa dos sofrimentos.

A parteira se aproximou com o primeiro bebê, já banhado e enrolado em pano limpo. Santiago chorava disfarçadamente, enquanto ela banhava o segundo. Parecia, agora, mais conformado.

– Não queres pegar teu filho? Vê que bonitinho! – e o encostou ao peito da mãe.

– Ainda não tenho leite...

– Mas é bom que ele sugue, assim o leite chega mais depressa.

Quando o bebê sentiu o seio da mãe, naturalmente o sugou. Naquela hora, não mais era o inescrupuloso desafeto. O milagre da reencarnação o fizera um lindo bebê rosado, cujos vícios e virtudes ficaram em estado latente. Apagava-se a antiga personalidade para favorecer o aflorar de outra. Oxalá pudesse o amor e o carinho dos pais recambiá-lo para o bom caminho. Esta a finalidade das sucessivas existências.

Maria Pia, ao ver o filho ali, indefeso, completamente dependente de seus cuidados, sentiu a primeira manifestação do amor materno. Acariciou o rostinho enrugado, ajeitou com as mãos seu cabelo escuro e chorou. Pediu para Santiago trazer-lhe o outro.

– Agora tu tens dois rapazes, Santiago. Tens de trabalhar muito. Pena que os dedinhos... – não conseguiu terminar. Pôs-se a chorar

– Dois rapazes... Não... Tenho três. Estás a esquecer de Ângelo?

– Até esqueço que ele é teu filho. Parece mais teu irmão.

– Quando ele nasceu, eu tinha apenas quinze anos.

Santiago queria parecer feliz e descontraído, mas, ao contrário da mulher, não conseguiu sentir nenhum amor pelos recém-nascidos.

– Santiago, vai chamar o Ângelo para conhecer seus irmãozinhos – disse Maria Pia, forçando um sorriso.

Ângelo foi chamado. Olhou para um, para outro... depois, olhou para o pai:

– Parabéns, pai. Parabéns, senhora... Eles parecem fortes.

– São aleijados – e descobriu a mão dos bebês.

Ederaldo se aproximou. E sussurrou ao ouvido de Ângelo: *Se vossa mão ou vosso pé vos são motivo de escândalo, cortai-os e atirai-os longe de vós; é bem melhor para vós que entreis na vida não tendo senão um pé ou uma mão, do que terdes dois e serdes lançado no fogo do inferno.*

Ângelo transmitiu fielmente o recado do Espírito Ederaldo, explicando-lhes que eram palavras de Jesus imortalizadas na Bíblia. Santiago e Maria Pia ficaram surpresos. Essa faculdade dele sempre os surpreendera.

– Como podes dizer isso, Ângelo? Quando estudaste a Bíblia Sagrada? – perguntou Santiago.

– Nunca a estudei. Mas sempre será tempo. Vou comprar uma e estudá-la, pois os conceitos de Jesus são de uma profundidade impressionante.

De alguma forma, os pais se sentiram mais tranquilos. O equilíbrio de Ângelo os equilibrava também.

Santiago segurava um bebê em um dos seios de Maria Pia, enquanto ela segurava o outro.

– Agora sim, é que vão acabar comigo... vê como sugam!

Ângelo não teve coragem de olhar os seios

de Maria Pia. Pareceu-lhe que a desrespeitaria se olhasse.

A parteira se despediu. Santiago foi levá-la até sua casa, que era um pouco distante dali. A sós com os bebês e Maria Pia, Ângelo a olhou nos olhos. Queria saber se ela estava feliz.

– Feliz, feliz, não estou não, Ângelo. Mas não é só por causa dos bebês. Sinto que seu pai se afasta cada dia mais de mim. E eu também dele.

Depois, lembrou-se de uma coisa importante e olhou para o enteado:

– Ângelo, será que meus filhos poderão ter um dia aqueles ataques que tu sempre tinhas? Pobres bebês! Como se já não bastasse o aleijão...

Ângelo se surpreendeu com a pergunta. Tanto tempo já não tinha ataques, que nem mais se lembrava deles.

– Fique tranquila. Seus filhos não sofrerão daquele mal. Aqueles ataques... Só Deus sabe o motivo.

– Tens certeza? Não quis perguntar para o Santiago, porque ele se zangaria comigo.

– Eles só sofrerão essa limitação. Descanse agora, Maria, que a senhora está muito abatida.

– Assim espero. Isso já não é pouco para um filho de Deus!

Capítulo 23

A fuga de Santiago

Somente os fortes enfrentam as adversidades da vida. Os fracos se escondem atrás de alguma cômoda justificativa e fogem.

O casal Maria Pia e Santiago ia empurrando a vida. A boa Lola era a verdadeira dona da casa, pois a jovem senhora nada mais fazia senão amamentar ora um, ora outro. A trocar a fralda ora de um, ora de outro.

Os meninos eram insaciáveis, assim, Maria Pia secava a olhos vistos e já não era a mesma de tempos atrás. A alma, desmotivada e infeliz, refletia-se no corpo. Os nomes dos meninos? Demoraram a escolher devido à má vontade dos pais. Foi Lola quem sugeriu: Henrique, o que nasceu primeiro (Tenório); o outro, Fernando (Adão).

Benditas sejam as reencarnações; bendito seja o esquecimento temporário que eclipsa nosso passado, que nos faz inocentes, dependentes e que nos possibilita uma retomada de posição diante da vida. Os dois meninos nada tinham da personalidade anterior. "Deixai vir a mim os pequeninos, pois deles é o reino dos céus". Compreendemos que o reino dos céus é para todo aquele que se lhes assemelha; para o que está no estado de esquecimento, quando voltamos a ser puros e inocentes. Ambos **não eram** puros e inocentes; **estavam** puros e inocentes.

E Maria Pia não via nos filhos os inimigos do passado, mas parte de si mesma, que deveria amar. Aprendera a orar com Ângelo, seu amigo incondicional. O medo que sentira dele no passado, fora-se. Quando os pequenos choravam, era ele quem se levantava no meio da noite para embalá-los. Enquanto Santiago ia dormir em outro quarto, maldizendo em silêncio sua sorte, ele se alegrava em poder ser o "pai", ainda que Maria Pia jamais lhe falasse daquela sua abnegação. Mas, nos olhos dela, ele já via um pouco de amor.

Lola vivia a correr pelos cantos da casa e instava com a patroa para que ela se arrumasse um pouco ao receber o marido quando ele fechasse o armazém. Mas Maria Pia não tinha ânimo e, entre dentes, dizia que o marido não merecia nenhum sacrifício por parte dela. E Santiago passou a fechar o armazém cada vez mais tarde a fim de não ter de olhar a triste figura que se lhe tornara a mulher.

Se Ângelo deixou de amá-la? Claro que não! Via-a desleixada, desgrenhada, às vezes suja, mas seu amor só fazia crescer. Bem na intimidade da alma, deu graças à tal feiura, pois isso o aproximava da amada; deixava-a livre só para ele.

Henrique e Fernando estavam quase sempre enfermos. Brigavam entre si, mas com o carinho que recebiam da mãe, de dona Lola, que os considerava seus netos, algumas raras vezes do pai e de Ângelo, iam se transformando para o bem. Completaram um ano de vida. Não houve nenhuma festa. Nos dois... três anos, idem. Mas aconteceu mais um fato relevante: Maria Pia engravidou. Caripó já se aninhava em seu útero e, quando Santiago soube, ficou possesso:

– Não é possível, mulher! Valha-me, Deus! Mais uma boca faminta! Só prestas mesmo pra parir!

Maria Pia revidou na hora:

– E tu só para fazer filhos. Teria eu mais algum menino se não fosses tu?

Ângelo tomou a defesa dela:

– Veja lá, senhor meu pai, como fala à sua mulher. Ela é a menos culpada...

– Olha aqui, Ângelo... não metas a colher. Isso é

cá comigo e a Maria. Fica no teu canto, *muleque* intrometido! – e saiu, batendo a porta.

Naquela noite, Santiago decidiu o que vinha protelando desde o nascimento dos gêmeos: iria embora de Portugal. Abandonaria Maria Pia, embora o amor ainda não tivesse de todo se extinguido. *"Que Ângelo tome conta dela e dos meninos. Eu não aguento mais."* No mês seguinte, comunicou sua decisão, arrumou a mala e voltou à colônia. Para aquietar a própria consciência, disse que compraria uma fazenda no estado de Minas Gerais e depois mandaria buscá-los.

Ederaldo, o bom amigo espiritual, tentou demovê-lo da ideia:

Não botes tudo a perder, Santiago. Tenhas um pouco mais de paciência e isso logo vai passar. Maria Pia voltará a ser bela. Não abandones tua família, pois teus filhos precisam de ti e tu precisas deles. Lembra-te... é uma troca. És o maior devedor... e te revoltas? Onde a fé e a caridade? Bastou a primeira desilusão e já te safas dos compromissos?

Santiago ouviu com a alma e se envergonhou. Apequenou-se diante de si mesmo. Mas, ao mesmo tempo, uma revolta diante da vida o fez maldizer a sorte. Estava rico, cobiçado pelas mulheres. Casara-se com a mulher amada, tinha três filhos e mais um a caminho... Então, por que a angústia cada vez mais crescente?

Este não é teu amigo. Quer a tua infelicidade, pois queres te prender a uma mulher que absolutamente não te merece. Não lhe dês ouvido. A vida é tua, chega de tantas intromissões – assim lhe falava um Espírito que vadiava por ali.

E Santiago, aborrecido, fechava a alma para o amigo e benfeitor espiritual, para ouvir o inimigo que lhe falava o que ele queria ouvir.

Livre-arbítrio.
Planta-se hoje.
Colhe-se amanhã.

E Santiago partiu para o Brasil. Ângelo, agora já homem feito, ficou com o armazém e com a administração de sua quinta. Financeiramente, estava muito bem. Maria Pia não se entristeceu com a partida do marido. Afeiçoara-se a Ângelo e lamentava não ter se casado com ele ao invés de com Santiago.

– Ângelo, agora só conto contigo, meu amigo. Não esperava atitude tão vil de teu pai.

– Estarei sempre do teu lado. Criaremos os gêmeos e este outro aí – disse, apontando o ventre de Maria Pia.

Capítulo 24

A visita de Tomaz

"E não nos cansemos de fazer o bem, porque a seu tempo ceifaremos se não houvermos desfalecidos." Paulo (Gálatas, 6:9).

Chegando ao Brasil, Santiago se deparou com Tomaz, que se casara com Letícia e estava ali havia alguns anos. Infelizmente, a viuvez recente o deixara com um filho, o pequeno Tomaz. No segundo parto, sua mulher teve uma complicação e veio a falecer juntamente com o bebê, uma menina robusta. Os sogros, desolados, estavam vendendo a fazenda que tantas recordações tristes lhes traziam e retornariam a Portugal.

– Sinto muito. A vida nos prega peças, às vezes – disse-lhe Santiago.

Tomaz perguntou pela família dele. Na verdade, queria saber de Maria Pia. Santiago percebeu que ele ainda pensava na antiga namorada. E uma ideia marota veio agitar sua alma: "Talvez Tomaz pudesse tomar-me o lugar como companheiro de Maria Pia. Seria um jeito de ele ter a mulher amada e zelar pela minha família."

Acomodação fácil.
Conveniente.
Silenciadora de consciência.

Fez-se amigo de conveniência. Contou-lhe – de caso pensado – que não mais voltaria a Portugal, que estava abandonando definitivamente a família. "Vai lá, gajo! Não lutaste sempre por ela? Agora a deixo contigo, juntamente com três filhos..."

Tomaz entendeu a intenção do amigo (amigo?). Santiago voltou à vida de tropeiro. Sentiu-se renovar. Todas as vezes que a consciência o acusava, ele se justificava falando do desencanto que teve; afinal, sentia-se ludibriado. Casara-se com uma linda mulher e a vira transformando-se dia a dia em uma bruxa, sempre de mau humor. Não demorou nada para se entregar a uma vida dissoluta, sempre acompanhado por obsessores que o estimulavam e iam consumindo sua energia vital, aproximando-o do túmulo.

Tomaz, por seu lado, ficou esperançoso. Gostou de saber que o casamento de Santiago e Maria Pia desandara de vez. Depressa, arranjou um comprador para a fazenda do sogro. "Vou visitar Maria Pia. Sempre soube que Santiago não a faria feliz. Eu sim, pois sempre a amei, apesar de ter amado também minha doce Letícia. Vou unir o útil ao agradável: ela me ajudará a criar o Tomazinho, e eu a ajudarei a criar Henrique e Fernando" – Santiago nada lhe falara da terceira gestação dela.

Três meses se passaram quando ele, o filho e os sogros retornaram a Portugal. Na primeira oportunidade, foi visitar Maria Pia. Mostrava-se ansioso.

Incredulidade. Foi isso que sentiu quando olhou para a ex-bela portuguesa dos seus sonhos. Então, disfarçou.

– Tomaz! Que prazer em revê-lo – disse Maria Pia, mal contendo a felicidade.

– Senhora... eu... eu... encontrei Santiago no Brasil...

– O desgraçado. O que lhe disse? Já viu um pai abandonar seus filhos e a esposa grávida?

Pela primeira vez, Maria Pia se arrependeu de estar tão feia. A visita a pegou desprevenida: "A estúpida da dona Lola não me avisou de quem se tratava. Eu poderia ter me feito um pouco mais atraente. Bem vejo a decepção nos olhos dele."

Ângelo abraçou o amigo e se entristeceu por sabê-lo viúvo. Percebeu de imediato a decepção dele em relação a Maria Pia. "Deste também estou livre. A falta da beleza física pode, muitas vezes, ajudar. O amor verdadeiro vê além das formas exteriores."

– Mas vamos entrar, Tomaz. Dona Lola, faça um café pra nós.

– Não... Não se incomode. No seu estado precisa de repouso. Para quando é o nascimento?

– Ainda faltam alguns meses. Sossega. Estou bem. Fica, por favor. Nunca recebo visitas. Vem conhecer meus filhos. São lindos!

Tomaz outro jeito não teve. Entrou. Brincou com os gêmeos:

– Incrível como Henrique se saiu à senhora!

– É. Já Fernando é a cara do safado do pai. Mas... Tomaz, não precisas tanta formalidade... Senhora... Já esqueceste o quanto fomos amigos?

Tomaz sorriu, sem jeito. Não via a hora de escapulir dali. Ângelo ria por ver o amigo dando-se mal.

Depois do café e dos bolinhos de Lola, saiu rápido.

– Quando voltas cá? – perguntou Maria Pia.

– Não sei. Qualquer dia. Estou muito ocupado. Até mais ver, senhora.

Ângelo sentiu a dor de Maria Pia e, embora satisfeito pela decepção do amigo, entristeceu-se por ela. Sabia muito bem o que era se sentir rejeitado. Desprezado. Humilhado. E por uma dessas ironias da vida, era Maria Pia quem sempre o desprezara. As piores desilusões de sua vida vieram dela. Ainda agora, o coração fechava suas portas sempre que um novo amor se lhe anunciava.

O resto do dia estava perdido para Maria Pia. Sentiu-se péssima. Percebeu que o antigo admirador se fora decepcionado e que talvez não regressasse nunca mais. Fato! Estava certa.

Capítulo 25

O nascimento de Caripó

"O bem que praticares em algum lugar é teu advogado em toda parte." (autor desconhecido)

A gestação de Caripó estava sendo mais tranquila. O Espírito Ederaldo se instalara na casa a fim de ajudar Ângelo no que fosse necessário. Lamentava profundamente que Santiago tivesse desertado da luta e fugido dos compromissos adrede assumidos. Agora, a situação dele pioraria bastante, trazendo mais e mais sofrimentos até a alma dobrar a serviz e capitular.

– Dona Lola?

– Que queres, Maria?

– De outra vez que Tomaz aparecer, por favor, avisa antes. Vê como ele me encontrou! Aposto que fizeste de propósito. Só para me humilhar.

– Ouvi direito? Então... de barriga e tudo, e não

perdeste o assanhamento? Esqueces que és mulher comprometida?

– Comprometida? Não! Fui abandonada pelo traste do Santiago! Que está a senhora a querer? Que eu vire santa? Que nunca mais olhe pra homem algum? E Santiago merece isso? E eu, acaso, não devo procurar o meu caminho? Tomaz sempre me amou...

– Bem pude ver o tamanho do amor dele! Estava a mostrar na cara o quanto te ama...

E Lola foi fundo. Não economizou palavras. Humilhou a pobre mulher já por si mesma tão humilhada.

No armazém, Ângelo pensava se seria decente, agora que o pai se fora e talvez nunca mais voltasse, ele unir-se a Maria Pia. Mas via nisso um como que incesto, e desistia. Esperaria mais um tempo. Falaria com o pai e, se ele permitisse, aí sim, falaria com ela. No momento, só estava preocupado com o breve nascimento do terceiro filho dela.

A chuva se havia anunciado desde a tarde. O ar quente deixava Maria Pia, com sua barriga rotunda, mais desconfortável. A gestação de Caripó, como já disse, não lhe estava sendo penosa e, ao contrário da dos gêmeos, ela o acolhera com menos revolta. Amadurecida pelos sofrimentos, ela aprendia a doar-se sem reclamar ou revoltar-se contra os desígnios do Pai Criador. Embora se ferisse vez ou outra, ia conseguindo tirar os espinhos do seu caminho. O medo que sempre sentira de Ângelo, ia se transformando em amor. Às vezes, quedava-se pensando: "Santiago e Tomaz, que diziam me amar, abandonaram-me. Fugiram como ratos quando o navio afunda. Ângelo, a quem sempre temi e desprezei, embora jovem, podendo ter as mulheres mais belas, me é fiel e, bem sei, ama-me. E eu já não sou bela. Tem-me ele o amor da alma, o verdadeiro amor que nada exige e é capaz dos maiores sacrifícios."

Anoitecia quando a chuva borrascosa chegou. Veio com muito vento, fazendo dobrar os arbustos do jardim. Os trovões ribombavam nervosos naquele céu inamistoso. O vento destelhava casas, batia portas e janelas e entrava sem cerimônia nas residências.

Henrique e Fernando batiam palmas, olhando a chuva através da vidraça, no quarto de Lola.

Um trovão mais forte estremeceu o chão. Foi quando Maria Pia entrou em trabalho de parto.

– Santo Deus! Estourou-me a bolsa d'água! E agora?

– O quê?!

Novo trovão impediu que Lola ouvisse a gestante.

– Ai... ai... vou parir hoje, dona Lola. Que Nossa Senhora do Bom Parto me ajude. Ângelo... Ângelo... – gritou a plenos pulmões.

– Vai te deitar. Vou botar água no fogo...

Ângelo entrou apavorado. Por um momento, pensou que o vento derrubara o quarto onde as crianças e as duas mulheres estavam.

– O que foi?

– Corre, vai chamar a parteira. Maria Pia pode parir a qualquer momento. Vamos, ó gajo! Não fiques aí apalermado!

– Mas, com este temporal... Será que dá tempo?

– Não. Não vá. Ela mora muito longe. Já está nascendo. Ai... Deus... minha mãe... Nossa Senhora do Bom Parto... aiiiiiiii – gritava a parturiente.

Ângelo tremia. Lola pôs as mãos na cabeça:

– Mas que hora este teu filho achou de vir ao mundo! Deixa-me ver, Maria. Deita-te... não queres que a criança caia no chão, queres?

Os gêmeos, espantados, silenciaram.

– Ângelo, nós dois é que temos de fazer o parto.

A criança já coroou. Terceiro filho escorrega que nem quiabo. Vai lavar tuas mãos. Com sabão. Se tiveres as unhas compridas, corta-as para não ferir ou passar doença à mãe e ao bebê. Rápido! Não fiques aí me olhando. Vaaaai...!

Ângelo deu asas aos pés. Tão logo foi, tão logo voltou.

Do lado de lá, no plano espiritual, Ederaldo tomava as providências, ajudando o quanto podia o nascimento de Caripó. Inspirou Ângelo sobre como ele deveria fazer: *Ferva uma tesoura afiada. Pegue panos limpos. Um balde para a placenta, água quente para higienizar Maria Pia e o nenê. Calma. Tenha muita calma. Tudo vai dar certo.*

Os gêmeos começaram a chorar ao ouvir os gritos de Maria Pia.

– Mamãe tá dodói?

– Não é nada, Fernandinho. Já vai passar. Não chores – respondeu Ângelo.

– Dona Lola... não quero o Ângelo por aqui... Tenho vergonha...

– Deixa de criancice. Ele é como teu filho...

– Meu filho? Pois sim, temos quase a mesma idade. Aii... Aiii... Valei-me, meu Pai, minha Mãe, minha Nossa Senhora...

Ângelo fez conforme as determinações que o amigo espiritual lhe ordenara.

E Lola lhe pediu:

– Ângelo, falta pouco, ajuda-me aqui. Tenho medo de deixar a criança cair, pois tenho as mãos trementes. Valha-me, Deus! Nunca quis ser parteira e agora...

– Acalme-se dona Lola. Eu ajudo. Deixe que eu me encarrego de pegar. Não me parece difícil.

O medo e a vergonha deram lugar à determinação e à coragem.

– Agora, Maria. Faça força. Assim... mais força... Seu filho está chegando. Mais um pouco de força. Empurre firme.

Os trovões emudeceram. O vento se aquietou. A chuva diminuiu. E o choro forte de Caripó reencarnado aliviou a todos.

– É uma menina? – perguntou a mãe.

– Que nada! O safado do Santiago só faz homem. Veja lá os "documentos" do rapaz – e abriu as perninhas enlameadas de sebo e sangue do recém-nascido.

Risos. Os gêmeos se aproximaram, curiosos.

– Deixa-me vê-lo. É perfeito?

– Sim, vê. Graças a Deus é muito bem formadinho, Maria – informou Lola.

Maria Pia quis segurar o filho. Falou com ele que, ao ouvir sua voz, acalmou-se.

– Depois, Maria. Depois tu o pegas. Precisamos cuidar dele agora.

– Enrole-o logo nos panos. Ele está tremendo, o pobrezinho... – disse Maria Pia, chorando muito. Agradeceu pela perfeição daquele filho.

– Ângelo, tu cortas o cordão umbilical? Sabes como fazer isso? Uma vez já vi como fazem. Amarra-se um barbante mais perto do umbigo e outro mais distante. Depois, corta-se no meio dos dois. Entendeu?

– Sim. Sei como fazer isso. Meu pai tem um livro de Medicina que alguém esqueceu na venda. Eu já vi como se faz isso. Parece que estava adivinhando que um dia isso me seria útil.

– Ótimo. Vou cá cuidar da Maria... A placenta... tem-se de tomar muito cuidado para não deixar resto no útero.

– Está certo. Vá para junto dela e a ajude – e, qual obstetra bem treinado, cortou o cordão. Higienizou muito bem, pois sabia que o tétano era inimigo dos recém-nascidos.

Indispensável dizer que Ederaldo o conduziu nesses procedimentos, o que foi fácil devido à sintonia que existia entre ambos.

– Agora, o banho, dona Lola. Vou pegar a bacia com água. Eu o banharei – disse Ângelo, lembrando que o pai fizera isso com os gêmeos.

– Vê se a água não está muito quente. Experimenta com o cotovelo – recomendou Lola.

Só, então, Maria Pia percebeu que amava aquele rapaz. "Santiago é quem deveria estar aqui, cuidando do filho e de mim... no entanto, é seu filho... Que lição a vida nos dá! Que Deus e Jesus protejam sempre o Ângelo..."

Dali a instantes, Ângelo voltou com a bacia. Com gosto, banhou o pequerrucho que reiniciara a choradeira. Os gêmeos o imitaram e também abriram a boca num berreiro homérico.

– Venham cá, meus filhos. Não chorem... Conheceram o irmãozinho? Que nome haveremos de lhe dar?

– Desta vez, tu escolherás, Maria.

Limpinho, o bebê foi vestido e enrolado num cobertor fino, pois o calor ainda era intenso, apesar da chuva.

– Ele se chamará Ângelo. Ângelo está sendo o verdadeiro pai dele.

Ângelo se emocionou, mas não quis que ela lhe desse seu nome. Sugeriu o nome do pai falecido dela.

– Então, ele se chamará João Manuel. Assim, você continuará sendo único...

O pequeno João Manuel já sugava o seio que, apesar de ainda não ter leite, sossegava-o.

Reencarnação.
Atestado de sabedoria.
Ontem... Caripó.
Hoje... João Manuel.

Santificado sempre seja Deus, que nos favorece com novas oportunidades. A vida reunira novamente os comparsas do passado. Teriam oportunidade de reescrever a vida. E que a nova redação fosse isenta de erros. Para o bem de todos.

A sós em seu quarto, Ângelo agradeceu:

"Jesus querido...

Bem sabemos que ainda somos criaturas ingratas; que ainda não compreendemos o Teu sacrifício por nós, todavia, queremos mudar nossa postura diante da vida; queremos subir em busca de Teu Pai e nosso Pai. Mais uma vez, Jesus, deste provas do Teu poder e do Teu amor. Mais uma vez nos auxiliaste em nossas dificuldades. Abençoa, querido mestre, Teu novo discípulo que chega. Pai Nosso..."

EPÍLOGO

Ângelo e a amada de todos os tempos

O amor jamais reclama; dá sempre. O amor tolera, jamais se irrita, nunca se vinga. (Indira Gandhi)

Santiago nunca mais regressou a Portugal. Casou-se no Brasil, mas foi abandonado dois anos depois. Na mesma existência, sentiu a dor que infligiu a Maria Pia. Em uma de suas viagens, ficou seriamente enfermo, vindo a falecer sozinho e desiludido da vida. Tivera tudo para se reequilibrar com a Lei Divina tantas vezes aviltada, mas jogou fora a existência, levado pelas ilusões do caminho. Pudéssemos todos nós entender a inutilidade que é lutar contra nosso destino – que é a perfeição – muitas dores evitaríamos. Pena. Estivera ele bem próximo da vitória, mas fraquejou na batalha final e perdeu a guerra. Em algum tempo, em algum lugar, teria de recomeçar.

Foi Tomaz quem deu a notícia a Ângelo. Estava

feliz em segundas núpcias e já era pai pela terceira vez. Perguntou por Maria Pia:

– Ângelo, a senhora Maria Pia... ainda está enferma?

Em verdade, o que gostaria mesmo de perguntar era: "Ela ainda está feia como da última vez em que a vi?"

– Tomaz, a Maria Pia se restabelece aos poucos. É uma grande mulher.

– E os filhos?

– Estão bem. Crescendo fortes. São muito amados por todos aqui.

– Tu tens sido um pai para eles... Já pensaste em te casares com ela? Tu me confidenciaste muitas vezes que a amava.

– Sempre. Sempre a amei. Mas não quis me unir a ela por causa de meu pai, e claro, porque ela nunca gostou de mim.

– Ela... parece-me que tinha aversão por ti. Ainda tem?

– Não. Ao contrário... compreende e me é grata por tudo o que faço por ela e pelas crianças.

– Então, ó, gajo! O que esperas? Casa-te com ela.

– Não quero que ela me aceite por favores que lhe faço.

– Olha lá que me está saindo bem orgulhoso!

– Talvez. Mas tenho cá minha dignidade. Tomaz, venha nos visitar um dia desses.

– Irei com prazer.

Tomaz levou a sério o convite e na semana seguinte lá estava. Queria ver com os próprios olhos se a portuguesa que lhe tirara o sossego na juventude tornara a ficar bela.

O amor transforma as criaturas. Da mesma forma que Maria Pia enfeou com as tristezas e desencontros, voltava, aos poucos, a ficar bela pela vivência do amor. Transformara-se em verdadeira mãe para os filhos, tudo fazendo para conservar a paz doméstica. Via em Ângelo uma presença indispensável. Algo mudava em seu coração. Os obsessores do passado tudo faziam para romper o cerco que ela lhes impunha, mas nada conseguindo, foram, aos poucos, afastando-se. Ângelo ensinara Maria Pia a orar, e ela orava todas as noites junto aos pequenos.

– Olá, Tomaz. Como estás? – disse a mulher, estendendo a mão para a visita.

Maria Pia, embora não houvesse recuperado a beleza estonteante do passado, era uma mulher agradável de ser vista. Desta vez, Ângelo a avisou antecipadamente daquela visita, e ela se arrumou dignamente. Não que quisesse reconquistar o jovem, mas, em atenção a Ângelo, não se mostrava mais tão relaxada. Tomaz teve uma agradável surpresa:

– Olá, senhora... Que prazer ver que estás tão bem.

– Desta vez, não te assustei, pois não?

Tomaz corou. E gaguejou:

– Senhora... é que... desculpa-me o mal jeito daquela visita... É que...

Maria Pia riu. Ângelo riu. Tomaz riu.

Os meninos já estavam crescidos. Henrique e Fernando viviam se socando um ao outro. João Manuel vivia agarrado às saias da mãe. E esta já não podia viver sem eles.

Tomaz tomou café com bolo de milho e se retirou. Da antiga paixão, nada, nada restara de ambos os lados. Via em Maria Pia apenas uma boa amiga, assim como, também para ela, ele era apenas uma lembrança passada. Melhor assim.

Naquela noite, em seu quarto, Ângelo pensou no conselho de Tomaz. Agora que sabia que o pai partira para a espiritualidade, nada, realmente, o impedia de ter a mulher amada para si. Sondaria os sentimentos dela.

Também em Maria Pia um amor tranquilo nascia em relação a ele. Olhou a cama de casal, grande demais apenas para ela, e desejou que ele ali estivesse.

Sem conseguir dormir, levantou-se no meio da noite. Fazia calor, e ela se sentou na cadeira de balanço do terraço. Um arrepio forte percorreu seu corpo. Ela foi buscar uma manta. Mesmo assim, o estranho frio, pois o vento estava quente, aumentava sempre mais e mais. Ângelo percebeu o vaivém e também se levantou.

– Que foi, Maria? Tu me pareces agitada.

– Estou a tremer de frio. Acho que tenho febre.

Ângelo pôs as mãos em sua testa. Realmente, ela estava febril.

– Vem. Sai do vento. Deita-te, que vou buscar um remédio.

Naquele instante, constatou que seu amor em nada havia diminuído. Uma dor aguda o atingiu ao pensar que poderia perder a mulher amada. Como num filme que está sendo rebobinado, viu-se em uma estranha reunião. A figura etérea lhe falava: *Maria Pia vai precisar de você. Esteja preparado para ajudá-la e ajudar-se a si mesmo. Tudo, porém, vai depender da atitude de Santiago ante as provações, mas pela lei das probabilidades é possível que ele recue à última hora.*

Ângelo tomou, naquele momento, uma resolução.

– Toma este chá com remédio. Creio que um resfriado vem por aí.

Maria Pia tremia e não pôde segurar a xícara. Ângelo se achegou a ela. Sentiu o calor de seu corpo. Velou por ela boa parte da noite. Quando a febre cedeu, desabou exausto na cama, ao seu lado.

Acordou no meio da noite. Maria Pia estava ensopada. Ele, sem nenhum constrangimento, trocou-lhe a camisola. Depois, abraçaram-se e assim dormiram. Nada falaram. Nada explicaram.

Assim, todas as noites, ele as passava com Maria Pia. Seu coração nunca batera tão feliz. Para ele, a mulher nunca estivera tão bela. Cada manhã a olhava, deitado ao seu lado: cabelos esparramados pelo travesseiro; boca insinuando um sorriso... Até que um dia, Lola desabafou:

– Isso cá que estás a fazer não é decente. Olha que os meninos estão crescidos e percebem.

– O quê, dona Lola? O que eles percebem?

– Ora pois! Não queres mesmo que eu te diga! De ingênua não tens nada, ó Maria!

Ângelo estava parado, ouvindo o sermão da mulher.

– A senhora está coberta de razão, dona Lola.

Maria... precisamos nos casar. De papel passado. Entende?

– Arre, homem! Pensei que nunca fosses dizer isso!

– Então... dize-me se me amas de verdade.

– És um grandíssimo cego se ainda nada percebeste!

Lola saiu às pressas. Não queria ser inconveniente. Mas voltou a cabeça para ver o beijo que selava a união dos dois: *"Louvado seja Deus!"*

No ano de 1963, Francisco Cândido Xavier ofereceu a um grupo de voluntários, o entusiasmo e a tarefa de fundarem um Anuário Espírita. Nascia, então, o Instituto de Difusão Espírita - IDE, cujo nome e sigla foram também sugeridos por ele.

A partir daí, muitos títulos foram sendo editados e o Instituto de Difusão Espírita, entidade assistencial, sem fins lucrativos, se mantém fiel à sua finalidade de divulgar a Doutrina Espírita através da IDE Editora, tendo como foco principal, as Obras Básicas da Codificação, sempre a preços populares, além dos seus mais de 300 títulos em português e espanhol, muitos psicografados por Chico Xavier

O Instituto de Difusão Espírita, conta, também, com outras frentes de trabalho, voltadas à assistência e promoção social, como o Albergue Noturno, evangelização, alfabetização, orientação para mães e gestantes, oficinas de enxovais para recém-nascidos, entrega de leite em pó, vestuário e cestas básicas, assistência médica, farmacêutica, odontológica, tudo gratuitamente.

Este e outros livros da **IDE Editora**, subsidiam a manutenção do baixíssimo preço das **Obras Básicas, de Allan Kardec**, mais notadamente, **"O Evangelho Segundo o Espiritismo"**, edição econômica.

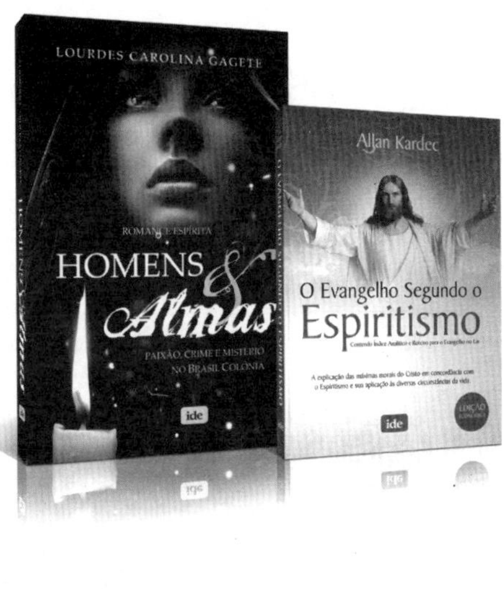

IDE Editora é apenas um nome fantasia utilizado pelo INSTITUTO DE DIFUSÃO ESPÍRITA, entidade sem fins lucrativos, que promove extenso programa de assistência social, e que detém os direitos autorais desta obra.